ELOGIOS PARA LA DRA. ELAINE RUÍZ LÓPEZ Y SU *LUCHA POR LA EQUIDAD EN EL BRONX*

La Dra. Elaine Ruíz López se expresa con voz sincera para apoyar a los estudiantes que se esfuerzan por mantenerse al día, motivar a quienes abogan desde vecindarios con dificultades y alienta a los padres que buscan inspiración para sus hijos. La historia de la Dra. López te transportará a su infancia en el Bronx, donde conocerás de primera mano la realidad de una comunidad en transición que lucha por salir adelante. Descubre cómo la autora pudo abandonar la escuela secundaria, aprobar el examen GED y luego seguir adelante hasta conseguir su doctorado. Gracias a su trayectoria, la Dra. López obtuvo el reconocimiento nacional de la revista US News and World Report, que le otorgó el premio Bronze Award Recipient for Best High Schools por haber desarrollado una de las mejores escuelas secundarias. *La lucha por la equidad en el Bronx: cambiando vidas y transformando comunidades: un estudiante a la vez* es una lectura obligatoria para los promotores del cambio social, los educadores, los académicos, los investigadores y las personas que buscan ejemplos de liderazgo eficaz.

—REVERENDO DR. ALFONSO WYATT

Fundador, Strategic Destiny: Designing Futures Through Faith and Facts (Diseñando el futuro a través de la fe y los hechos)

El libro escrito por la Dra. Elaine Ruíz López es realmente impactante. Recomiendo su lectura a todas las personas que se dedican a la educación de niños afroamericanos y latinos en lugares tan enriquecedores como South Bronx y otras comunidades similares en todo el país. *La lucha por la equidad en el Bronx* es un relato inspirador sobre los extraordinarios retos a los que se enfrentó esta mujer de color, líder y visionaria, con el fin de proporcionar una educación preuniversitaria de calidad a los niños afroamericanos y latinos.

—MIRIAM RACCAH

Directora ejecutiva, Black Latinx Asian Charter Collaborative (BLACC), una coalición de escuelas chárter de comunidades negras, latinas y asiáticas.

La Dra. Elaine Ruíz López relata su vida repleta de acontecimientos, desde sus humildes comienzos como niña en el vecindario South Bronx hasta su asombrosa historia de autodescubrimiento. Describe cómo el sistema escolar la defraudó y el racismo que sufrió en sus primeros años como maestra. Además, podemos apreciar su activismo dentro de la comunidad junto al National Congress of Puerto Rican Rights (NCPRR), una organización liderada por antiguos miembros del partido Young Lords Party (YLP), que proporcionó una plataforma para luchar por los derechos civiles y humanos, la reforma educativa y, en última instancia, la creación de una escuela de libre elección en el Bronx. Esta emocionante historia es una verdadera inspiración para todos los aspirantes a líderes latinos que se encuentran al frente de la lucha por la justicia social y dirigen escuelas de elección en comunidades afroamericanas y latinas.

—DR. JOHN PAUL GONZALEZ GUTIERREZ

Profesor adjunto de Estudios Puertorriqueños y Latinos en la CUNY

La Dra. Elaine narra su recorrido desde que era una joven estudiante sin recursos hasta convertirse en la defensora de una educación de alta calidad para todos los estudiantes discriminados. Ese recorrido ha permitido fortalecer la vida de cientos de niños. Este libro es la historia de la evolución de una verdadera campeona.

—DRA. VASHTI ACOSTA

Directora ejecutiva emérita, Amber Charter Schools

LA LUCHA POR LA EQUIDAD EN EL BRONX

LA LUCHA POR LA EQUIDAD EN EL BRONX

CAMBIANDO VIDAS Y TRANSFORMANDO COMUNIDADES UN ESTUDIANTE A LA VEZ

DRA. ELAINE RUÍZ LÓPEZ

Publicado por Advantage Books, Charleston, Carolina del Sur.
Un sello editorial de Advantage Media.

Impreso en los Estados Unidos de América.

10 9 8 7 6 5 4 3 2 1

ISBN: 979-8-89188-627-8 (tapa dura)
ISBN: 979-8-89188-628-5 (eBook)

Número de control de la Biblioteca del Congreso: 2026907064

Foto de la portada por Joe Conzo Jr. (imagen inferior)
Diseño de la portada por Matthew Morse.
Diseño de maquetación por Ruthie Wood.

Este libro está dedicado a mi esposo y cofundador, Anthony López, quien me apoyó de manera incondicional a mí y a la iniciativa de crear la escuela secundaria International Leadership Charter High School desde sus inicios.

Tony, gracias por tu amor, tu dedicación, tus increíbles comidas caseras y por estar siempre a mi lado en todos los momentos de dificultad y de alegría. Este viaje no habría sido posible sin ti.

A mi hija, Monica, quien nació para darle sentido a mi vida y un rumbo a mi educación.

ÍNDICE

PRÓLOGO

POR EL DR. JOHN RODNEY JENKINS

Mi destino se cruzó con el de la Dra. Elaine Ruíz López hace veinticinco años, cuando ambos éramos subdirectores del equipo directivo de una escuela secundaria en uno de los pequeños y diversos distritos suburbanos del condado de Westchester, a unos dieciséis kilómetros al norte de Nueva York. En ese entonces, las escuelas eran un caos y, como directivos de color, fuimos testigos y, con frecuencia, víctimas de la hostilidad racial y la discriminación por parte de los miembros del consejo escolar, padres, maestros y estudiantes. Muchos se referían a esta zona como "el sur hacia arriba".

Se nos indicó que nuestra misión era apoyar al director en la reestructuración de esta escuela y destituir a los maestros incompetentes que contribuían al fracaso de miles de estudiantes de color. Trabajábamos para revertir el rendimiento de una escuela en medio de una significativa lucha por los derechos civiles que buscaba acabar con la segregación en el distrito, tras haberse infringido una orden judicial federal y no haberse cumplido el mandato federal. El histórico caso contra la segregación racial, presentado en 1980 por la Asociación Nacional para el Progreso de las Personas de Color (NAACP) y el Tribunal Federal y resuelto en 2007, determinó que las autoridades municipales y escolares habían segregado deliberadamente a los residentes y estudiantes negros en viviendas públicas y escuelas.

En ese momento, no imaginaba hasta qué punto estaban conectadas nuestras vidas. Los dos crecimos a menos de seis kilómetros de distancia en South Bronx, el distrito electoral más pobre del país. Los dos fuimos estigmatizados como "diferentes" y "excepcionales" por el sistema educativo público y, como resultado, nos distanciamos de nuestros compañeros, lo que a menudo nos llevó al ostracismo. Esta es una experiencia que viven muchos estudiantes brillantes de color, quienes a menudo se ven obligados a elegir entre acceder a una educación privilegiada y de calidad o seguir aprendiendo junto a otros estudiantes que se parecen a ellos. En cuanto conocí a Elaine, se me hizo evidente que era una férrea defensora de la justicia, la equidad y el acceso educativo para los estudiantes que se enfrentaban a las mismas dificultades que nos habíamos encontrado en nuestro camino: el impacto de la pobreza, la exposición a la violencia, una cultura escolar con bajas expectativas y un acceso limitado a los recursos necesarios para inspirarnos y motivarnos a perseguir nuestros sueños. Como miembros de una administración compuesta en su mayoría por personas de color, nos enfrentamos a retos constantes, así como a la oposición política y racial, al intentar generar un cambio en nombre de una población escolar compuesta en su mayoría por estudiantes negros y latinos. Mientras luchábamos contra el sindicato de maestros, desafiábamos una cultura de mediocridad y establecíamos altas expectativas en cuanto al comportamiento y el rendimiento académico de los estudiantes, pude ver a Elaine demostrar confianza, coraje y compromiso, cualidades que más tarde le resultarían indispensables para crear la escuela secundaria International Leadership Charter High School (International Leadership CHS).

Aunque Elaine y yo tomamos rumbos distintos después de ese año juntos, seguimos en contacto como colegas. Fui uno de los principales defensores y partidarios de Elaine cuando redactó la solicitud de constitución y fundó la International Leadership CHS. A menudo le enviaba mis oraciones y palabras de consuelo durante los tumultuosos primeros años que se narran en este libro, cuando ella y la nueva escuela eran objetos de ataques. Llevaba tiempo en la dirección de mi propia escuela chárter en Fort Greene, Brooklyn, gestionaba una red de escuelas secundaria en Nueva York y era vicepresidente de School Leaders Network, una organización nacional sin fines de lucro que ofrecía formación profesional a directores de todo el país, cuando Elaine se comunicó conmigo para hacerme una oferta que no pude rechazar. En 2008, me invitó a unirme a la junta de la International Leadership CHS y, más tarde, a desempeñar el cargo de presidente. Como presidente de la junta, mi función consistía en apoyar a Elaine y al resto de los miembros del junta de la International Leadership CHS, a fin de brindarle protección a la escuela en todo momento. Sabíamos lo sumamente importante que era y seguiría siendo la escuela para esta comunidad, por lo que debíamos ser incansables en nuestra protección de la líder, el personal y los estudiantes. Nunca tuve dudas sobre ese llamado, ni cuestioné mi función ni mi propósito en ese sentido. Elaine nos relata las medidas deliberadas que tomamos para garantizar el éxito de nuestra escuela. Nos ofrece una visión esencial de cómo funciona una junta que realmente se compromete a crear una experiencia innovadora y sin precedentes para los estudiantes. Una junta no solo se encarga de gestionar, sino también de defender y proteger la integridad y autonomía de la institución. Los cuatro años que pasé como presidente de la junta de la International Leadership CHS fueron de los más gratificantes de mi vida personal y profesional. Siempre estaré profundamente agradecido y orgulloso de mi amiga, colega y artífice del cambio que me invitó a acompañarla en este viaje.

En este libro, Elaine ilustra la relación intrínseca entre la experiencia vivida y el liderazgo. Ofrece un retrato apasionante de su infancia en el Bronx y detalla cómo la marcó esa experiencia, pero no le impidió alcanzar el éxito. Su recorrido, desde ser una estudiante de primaria superdotada y talentosa hasta dejar la escuela secundaria sin graduarse, demuestra la inconsistencia y fragilidad del sistema educativo de la ciudad de Nueva York. También nos cuenta los retos que supuso convertirse en madre adolescente y tener que centrar su atención en aquellas responsabilidades de la vida que la mayoría de los adolescentes no tienen que afrontar. La vida le presentó numerosos retos a Elaine que, por desgracia, eran comunes entre sus compañeros por crecer en el vecindario South Bronx. Sin embargo, su historia no termina ahí. La decisión y la capacidad de obtener su Diploma de Equivalencia General (GED), y asistir al City College llevaron a Elaine a cambiar no solo su vida, sino también la de muchos niños sobre quienes influiría como educadora. De hecho, la experiencia de vida de Elaine fue un testimonio del poder transformador de la educación, en especial para las personas de color que viven en comunidades pobres. Esta vivencia fue el motor y la base que ayudó a esta joven decidida a perseverar en una de sus contribuciones más significativas: la fundación de la International Leadership CHS.

El libro es una hoja de ruta para el liderazgo, un relato autobiográfico inspirador, un modelo de activismo comunitario y la historia de un movimiento político, todo a la vez. En él, Elaine detalla por qué se sintió obligada a abrir una escuela secundaria estricta y de alto rendimiento para estudiantes de color en el Bronx y comparte de manera clara y transparente todas las adversidades y los obstáculos a los que se enfrentó durante el proceso. Como líder visionaria y estratégica, tenía la extraordinaria capacidad de predecir los movimientos de la oposición, ya sea que provinieran de la autoridad reguladora de las escuelas chárter del estado de Nueva York, el Departamento de Educación de la Ciudad de Nueva York (NYCDOE), un grupo de miembros de la comunidad mal informados, funcionarios públicos partidistas o antiguos empleados descontentos. Logró movilizar a la comunidad de padres y estudiantes, involucrar a los miembros de la junta y aprovechar el apoyo externo y el de quienes abogan por la escuela para contrarrestar los rumores, los abusos de autoridad y los intentos de impedir que la institución accediera a recursos vitales. Simplemente nunca aceptó un no por respuesta cuando se propuso la tarea de construir un pilar de excelencia en el Bronx. Este libro detalla cómo defendió el sueño que tenía para los niños del Bronx, se enfrentó al poder con la verdad y se mantuvo firme ante los gigantes que se interpusieron en su camino.

En mis treinta y tres años como educador, tuve la suerte de trabajar como maestro, director escolar, facilitador y asesor ejecutivo en los sectores académicos, empresariales y sin fines de lucro. Nunca me sentí tan inspirado y motivado para trabajar como en este momento. En mi función como líder de una organización nacional sin fines de lucro, me dedico a formar líderes centrados en la equidad que transformen las escuelas y el futuro de los niños afroamericanos y latinos. Mi misión es formar líderes como Elaine en todo el país. Nuestro objetivo es cambiar la trayectoria de los estudiantes que viven y se educan en lugares como el Bronx, donde Elaine y yo nacimos y crecimos. Este libro es una guía para los líderes emprendedores, los organizadores comunitarios, los directivos escolares y los líderes de las organizaciones de gestión de escuelas chárter (CMO) y de distritos que desean romper con los patrones históricos de bajo rendimiento y el acceso limitado de los estudiantes de color en el ámbito de la educación pública. También es una historia íntima y personal dedicada a los jóvenes negros y latinos que no están seguros de cuál es su misión en la vida o que creen que las cartas que les tocaron no les sirven para ganar el juego. La historia de la Dra. Elaine Ruíz López y la International Leadership CHS es una poderosa afrenta para aquellos que creen que la voluntad, la determinación y el coraje son insuficientes para superar el implacable peso de la pobreza y el racismo. Esta historia te inspirará, te informará y te fortalecerá. Y lo más importante, te motivará a impulsar a tus comunidades y a tus colegas a ir más allá de su trabajo para lograr verdaderos cambios, transformaciones e impactos en beneficio de la humanidad.

THE LIBRARY OF COLUMBIA UNIVERSITY

INTRODUCCIÓN

El borrador de los tres primeros capítulos de este libro se completó durante el apogeo de la pandemia por coronavirus en el estado de Nueva York, un virus altamente contagioso y peligroso que provocó la enfermedad y la muerte de más de trece mil de sus residentes al momento de la redacción de este capítulo y de más de veinticinco mil para mayo de 2020. La introducción de este libro estaría incompleta sin mencionar a la primera catástrofe nacional y crisis de salud pública de este siglo causada por la COVID-19. Desde la gripe española de 1918, el mundo no había experimentado una pérdida de vidas tan terrible ni una amenaza global tan grande, capaz de cerrar escuelas, negocios e iglesias; separar familias y modificar la vida de la gente, dejando al mundo en vilo.

El 18 de marzo de 2020, se hizo evidente que todas las escuelas del estado de Nueva York tendrían que cerrar y que nuestras operaciones, negocios, finanzas escolares y programas académicos se llevarían a cabo desde nuestros hogares. El gobernador Cuomo del estado de Nueva York emitió una orden ejecutiva hasta el 31 de marzo de 2020. Para el 15 de mayo de 2020, esta orden se prorrogó al menos tres veces más, lo que impidió que más de dos millones de estudiantes regresaran a las aulas y provocó el cierre indefinido de las escuelas en todo el estado.

En estas memorias inspiradoras, le ofrezco al lector una breve mirada a mi vida y educación como niña puertorriqueña en el South Bronx. Destaco muchas de las dificultades y circunstancias socioeconómicas en las que nací, me eduqué y crecí. Los retos y acontecimientos que viví despertaron mi deseo de convertirme en educadora, activista por los derechos civiles y comunitarios, y de cambiar la trayectoria de los jóvenes puertorriqueños y latinos, así como de todos los niños de color y las comunidades en las que vivían. En el trasfondo de los capítulos se refleja mi apasionada búsqueda de justicia en los sistemas, las instituciones y las organizaciones burocráticas que se dedican a servir a quienes gozan de privilegios por su raza y clase social.

En los capítulos 1 a 3, describo brevemente la comunidad migrante e inmigrante de clase trabajadora y en situación de pobreza de la calle Simpson Street, donde viví hasta los trece años. La escuela primaria pública n.º 20, a la que asistí, estaba ubicada enfrente de la Comisaría 41, que más tarde aparecería en una película racista titulada Fort Apache, protagonizada por Paul Newman. Los policías trataban a los puertorriqueños de sudacas, prostitutas y delincuentes. Cuando estaba en los grados superiores, por las mañanas caminaba sola y por las tardes regresaba a casa corriendo por calles repletas de traficantes de drogas, depredadores sexuales y edificios incendiados y abandonados. Los propietarios se acercaban a la puerta para cobrarle el alquiler en efectivo a mi papá. Hago hincapié en mi trayectoria desde la educación primaria y secundaria, hasta que me "*expulsaron*" de la escuela secundaria y quedé embarazada de alguien que había abandonado los estudios y era adicto a la heroína. Era una niña que tuvo un hijo y se enfrentó a las dificultades de ser madre adolescente, incapaz de cumplir con las expectativas que se me imponían, hasta que encontré mi camino y logré ingresar a la universidad City College of New York (CCNY). La decisión de aprovechar esta oportunidad cambiaría mi vida y me llevaría a convertirme en maestra en el mismo barrio donde crecí.

En los capítulos 4 a 7, llevo al lector a mis primeros años como docente, durante la última etapa de la "Década de fuego" en el Bronx, marcada por numerosos incendios provocados. Esos mismos incendios obligaron a mis padres a huir con toda la familia de Simpson Street en 1970. Presento un panorama de la hostilidad y el racismo que experimenté como docente joven. También hablo sobre mi encuentro con una de mis "*heroínas*", la persona que me inspiró a construir una escuela, la madre del South Bronx, la Dra. Evelina Lopez Antonetty. Ella me enseñó a ser honesta frente al poder y me mostró cómo luchar por mis derechos y los de mi comunidad.

En los capítulos 8 a 11, el lector conocerá sobre mi experiencia en la universidad y en los estudios de posgrado, las microagresiones que enfrenté y cómo pasé a formar parte del "menos del 2 %" cuando me convertí en estudiante de la Ivy League en Teachers College (TC) de la Universidad de Columbia. Luego, relato cómo obtuve mi doctorado y cómo desarrollé mi visión sobre la equidad en la educación de los niños del Bronx.

En los capítulos 12 a 15, transporto al lector al año 2004 y expongo mi perspectiva sobre la política de reforma educativa y la creación de una escuela chárter en Nueva York. Le cuento sobre los obstáculos que se colocaron de forma intencional en nuestro camino para que fracasáramos, el proceso de apertura de nuestra escuela chárter y la lucha por mantenerla abierta y en funcionamiento.

En los capítulos 16 a 20, llevo al lector una década más adelante, cuando nuestra visión se hizo realidad, cuando ganamos la batalla para mantener abierta nuestra escuela chárter y denunciamos a la Oficina de Escuelas Chárter del Canciller de la Ciudad de Nueva York y al Departamento de Educación del Estado de Nueva York (NYSED) por sus intentos deliberados de sabotear e interferir en nuestro acuerdo chárter. De haberse concretado, habría afectado a miles de niños de color a quienes hemos educado durante los últimos diecisiete años. Gracias al apoyo generalizado de los padres y la comunidad, pudimos expandirnos. En 2016, nos trasladamos a una nueva escuela con la ayuda de inversionistas que adquirieron bonos por un valor de 21 millones de dólares para financiar la construcción de nuestra escuela chárter. En otoño de 2023, con el apoyo de la Fundación Walton Family, inauguramos una escuela intermedia aprobada por nuestras autoridades competentes, el instituto Charter Schools Institute de la Universidad Estatal de Nueva York (SUNY CSI). En la actualidad, nuestra escuela chárter cuenta con gran prestigio y reconocimiento gracias a su historial de logros constantes, ya que más del 95 % de los graduados acceden a la universidad que eligieron. La escuela ha sido reconocida y calificada como una de las mejores escuelas secundarias a nivel local y nacional por US NEWS & WORLD REPORT, y como una de las mejores escuelas chárter del Bronx y de la ciudad de Nueva York. Logramos reducir la disparidad en el rendimiento académico de miles de jóvenes del Bronx.

CAPÍTULO 1

JOVEN, TALENTOSA Y PUERTORRIQUEÑA: MI INFANCIA EN SOUTH BRONX

> "Nací y crecí en South Bronx, el distrito electoral más pobre del país, incluso más pobre que el estado de Misisipi".
>
> **—DRA. ELAINE RUÍZ LÓPEZ**

Nací el 12 de abril de 1956 en el Hospital Lincoln original del Bronx, que antes se llamaba "*The Colored Home and Hospital*", el hogar y hospital para personas de color.

Mi madre a menudo me contaba la historia del día en que entró en trabajo de parto durante una tormenta de nieve primaveral. Dos semanas antes habían caído alrededor de cincuenta centímetros de nieve. Mami era una hermosa mujer puertorriqueña de piel oscura, *mulata*, con ascendencia africana y española. Me contó que, como yo había nacido con piel clara y mejillas rosadas, la enfermera le había entregado un bebé moreno por error. Al parecer, a mí me habían

El viejo Hospital Lincoln

entregado temporalmente a otra mujer de tez más clara. En mi acta de nacimiento, la raza de mi madre figuraba como "de color". Por fortuna, *Mami* recordaba haberme visto cuando nací y supo que la enfermera le había traído al bebé equivocado.

Este hospital tenía muy mala reputación. En la zona, la gente lo conocía como "La carnicería". Catorce años más tarde, el 14 de julio de 1970, Young Lords Party (YLP), un grupo de activistas de la comunidad puertorriqueña, tomó el control del Hospital Lincoln en protesta por la mala calidad de la atención médica y el maltrato que recibían las comunidades puertorriqueñas por parte del sistema de salud. Exigieron una atención médica de calidad y accesible para todos.[1] Los activistas del YLP se inspiraron en los movimientos estudiantiles puertorriqueños y en los del partido Black Panther Party,[2] quienes luchaban por el control comunitario de las instituciones y por visibilizar los fallos institucionales. La adquisición del Hospital Lincoln por parte del YLP[3] impulsó el movimiento para erradicar la tuberculosis en las comunidades en situación de pobreza y a la primera *Patients' Bill of Rights*, la Declaración de Derechos de los Pacientes del país.[4] Transcurrieron otros seis años hasta

1 Emma Francis-Snyder, "The hospital occupation that changed public health care," https://www.nytimes.com/2021/10/12/opinion/young-lords-nyc-activism-takeover.html.

2 Iris Morales, *Through the Eyes of Rebel Women: The Young Lords 1969-1976* (New York: Red Sugarcane Press, 2016).

3 Felipe Luciano, *Flesh and Spirit: Confessions of a Young Lord* (Empire State Editions, 2023).

4 Johanna Fernandez, *The Young Lords: A Radical History* (Chapel Hill: University of North Carolina Press, 2022).

que se construyó el nuevo Hospital Lincoln en la calle 149th Street, junto a Grand Concourse.

Para ese entonces, el Bronx era un barrio tranquilo y seguro, de clase trabajadora, donde los niños jugaban al *kickball* en la calle, al *johnny the pony* y al *hot peas and butter*. Nunca en toda mi infancia imaginé los cambios que afectarían mi vida en los años venideros. La calidad de vida en el Bronx sufrió un fuerte deterioro entre mediados de la década de 1960 y 1970. Además de los altos índices de pobreza, la delincuencia, las pandillas y la epidemia de heroína, el distrito estaba asolado por una ola de incendios provocados. El incendio de edificios mientras las familias dormían era algo habitual en aquella época en South Bronx. Muchos propietarios le pagaban a pandilleros o adictos para que incendiaran sus propiedades, en un despiadado y codicioso plan para cobrar el dinero del seguro.

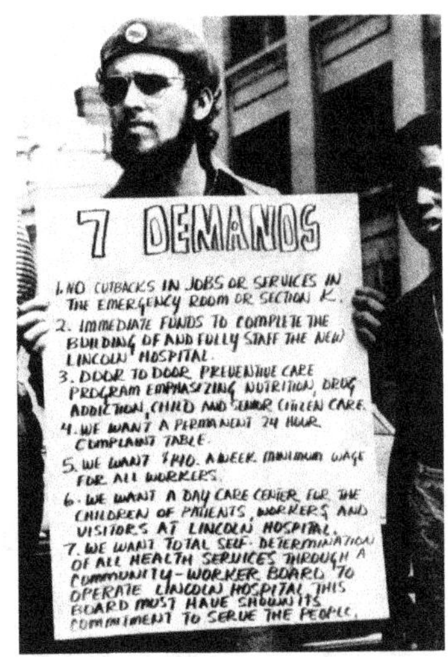

Crédito de la foto: Michael Abramson, cortesía de Haymarket Books

Logotipo de Young Lords Party. Palante 2, n.º 4, 5 de junio de 1970; cortesía de la Biblioteca Tamiment.

Nuestra familia lo perdió todo en el incendio de dos de los tres edificios en los que vivíamos en la calle Simpson Street. El Bronx se quemaba junto con las personas atrapadas en los edificios que no tenían lugar donde ir. Fue un período muy aterrador y traumático en mi infancia y en la de mis hermanos. Nuestros padres nunca nos dijeron nada sobre estas experiencias aterradoras. Años más tarde, ya como estudiante universitaria, aprendí que las condiciones socioeconómicas también contribuían a las bajas expectativas y a la mentalidad de "culpar a la víctima" que prevalecía en el sistema educativo.

¡Palante Siempre Palante! The Young Lords. Cortesía de P.O.V. Perspectivas juveniles, conjunto de herramientas de divulgación que acompaña a la película producida y dirigida por la antigua miembro de Young Lords, Iris Morales. Desde arriba a la izquierda: Juan Gonzalez, David Perez, Juan "Fi" Ortiz, Pablo Yoruba Guzman, Denise Oliver

Enfrenté mi primer desafío como niña puertorriqueña al asistir a una escuela primaria en la década de 1960, en South Bronx, en Simpson Street. Estaba justo enfrente de la Comisaría 41, rebautizada como "Fort Apache", un término despectivo acuñado por las fuerzas policiales para referirse al barrio. La mayoría de las personas que vivían en esta comunidad eran familias puertorriqueñas y afroamericanas. Recuerdo haber entrado corriendo varias veces al vestíbulo de la comisaría después de la escuela para lustrar mis zapatos Buster Brown con un enorme cepillo que siempre se encontraba allí para uso de los agentes. Mi mamá me observaba desde afuera mientras yo entraba feliz, en medio de las risas de los policías que se encontraban dentro.

Recuerdo que había una pequeña loma en el callejón, entre la comisaría y el edificio contiguo, hacia donde los niños corrían después de la escuela en invierno para deslizarse cuesta abajo en un pedazo de cartón o en los restos metálicos de un refrigerador después de una nevada. Este era uno de los pocos momentos de alegría que recuerdo de mi infancia.

Sin embargo, yo no sabía que estos hombres de azul se dedicaban a aterrar a nuestra comunidad. En verano, las familias del barrio se reunían en el patio de la escuela pública n.º 20. Cuando los policías querían dispersar a la multitud, disparaban al aire y todos corrían por la calle a los gritos. En una de esas ocasiones, iba con mi madre y empecé a correr tan rápido que se me aceleró el corazón, luego me caí y me raspé las rodillas. Estaba aterrorizada y no paraba de llorar. Cuando llegamos a nuestro edificio, una vecina que estaba en la ventana del primer piso notó que yo estaba nerviosa y me ofreció un vaso de agua. A partir de ese momento, dejé de sentirme segura. ¿A quiénes disparaban y por qué? Este comportamiento hostil y violento ocurría desde tiempo antes de que yo naciera. Kerry Washington, actriz originaria del Bronx, inició un podcast llamado "Simpson Street". Su madre, la Dra. Valerie Washington, fue una de las entrevistadas quien habló sobre su paso por la escuela primaria pública n.º 20. La misma escuela primaria a la que asistí una década después que ella. Kerry le preguntó a la Dra. Washington qué sentía al ver a la policía en su vecindario. La comisaría estaba justo enfrente de la escuela.

Le preguntó: "¿Te brindaba seguridad?" La Dra. Washington respondió:

> *"No eran amables con los chicos que jugaban stickball. Por alguna razón, decidieron que era necesario quitarles los bates y romperlos... Una historia de hostilidad de muchos años, aunque hoy en día no sea tan evidente. Desconozco de qué vecindarios procedía la policía, más allá de los suburbios que existen hoy en día... Pero está claro que no eran de South Bronx".*

La Dra. Washington, que ahora tiene más de ochenta años, es una persona con la que me identifico, ya que se convirtió en docente después de graduarse del Hunter College, enseñó en South Bronx y, más tarde, se convirtió en profesora universitaria.[5] En 1976, los estereotipos racistas se perpetuaron aún más gracias a un libro escrito por Tom Walker, un oficial de policía de la Comisaría 41 de Simpson Street. El título del libro era *Fort Apache: New York's Most Violent Precinct (Fort Apache: el distrito más violento*

5 Lynsey Eidell, "All about Kerry Washington's parents, Valerie and Earl Washington," https://people.com/all-about-kerry-washington-parents-7975505.

de Nueva York).[6] El ambiente se desarrollaba en la misma calle donde nací y crecí. Luego, en 1981, se realizó una adaptación cinematográfica de bajo presupuesto con el mismo título, "*Fort Apache*," protagonizada por Paul Newman.

La Comisaría 41

Mucho más tarde, cuando ya tenía más de treinta años y cursaba mis estudios de posgrado, canalicé gran parte de mi enojo e indignación por las injusticias que sufría la comunidad puertorriqueña al unirme a una organización puertorriqueña de derechos civiles. Me convertí en activista, empecé a expresarme con franqueza y aprendí los mecanismos para organizar y luchar por los derechos de mi pueblo. Participé en numerosas protestas organizadas por el Comité contra Fort Apache,[7] integrado por educadores y activistas de derechos civiles del National Congress for Puerto Rican Rights (NCPRR). Marchamos frente a los estudios de la NBC en protesta por la proyección de la película y la vergonzosa manipulación racista de los productores, que retrataron a nuestras familias y a nuestro pueblo de manera tan terrible.[8]

6 Tom Walker, *Fort Apache: New York's Most Violent Precinct* (New York: Crowell, 1976).

7 "The Committee Against Fort Apache," Departamento de Historia de la Universidad de Cornell, consultado el 25 de noviembre de 2022, https://phi.history.cornell.edu/projects/archival-finds/the-committee-against-fort-apache/.; "NCPRR: New York City," Robert M. Farnsworth, consultado el 25 de noviembre de 2022, https://www.columbia.edu/~rmg36/ncprr_ny/ncprr_ny.html.

8 "Fort Apache Archives," Media and Social Justice History Project at Hampshire College, consultado el 25 de noviembre de 2022, https://www.mediajusticehistoryproject.org/archives/82.

A finales de la década de 1960, la población de la zona comenzó a disminuir debido a las nuevas políticas que exigían que, a fin de lograr un equilibrio racial en las escuelas, los niños se trasladaran en autobús a otros distritos. Los padres que se preocupaban por que sus hijos asistieran a escuelas fuera de su distrito empezaron a mudarse a los suburbios, donde esto no era un problema. Además, se cree que las políticas de control de rentas contribuyeron al declive de numerosos vecindarios de clase media en las décadas de 1950 y 1960; las políticas de la ciudad de Nueva York en materia de control de rentas no motivaban a los propietarios de edificios a mantener sus viviendas en buen estado. Por lo tanto, las opciones de vivienda adecuadas eran escasas y las propiedades vacías siguieron multiplicándose. Cuando la ciudad decidió agrupar a las familias beneficiarias de ayudas sociales en South Bronx, la tasa de propiedades vacías ya era la más alta de toda la ciudad.

Fotos de Joe Conzo, Jr.

Foto de Joe Conzo, Jr.

South Bronx siempre fue un lugar para familias de clase trabajadora. Más tarde, la zona adquirió una imagen de pobreza que se desarrolló en la última parte del siglo XX. Varios factores contribuyeron al deterioro de South Bronx entre las décadas de 1960 y 1980: la huida de la población blanca, el abandono de los propietarios, los cambios en la demografía económica y la construcción de la autopista Cross Bronx Expressway.

En la década de 1950, miles de puertorriqueños emigraron al norte, hacia los Estados Unidos, con la promesa de una vida mejor y nuevas oportunidades económicas para sus familias. Este período de posguerra en la historia de la migración puertorriqueña a los Estados Unidos se conoce como la "gran migración".[9] El proyecto denominado "Operación manos a la obra" fue, en esencia, un plan de recuperación económica liderado por Luis Muñoz Marín, quien se convirtió en el primer gobernador de Puerto Rico tras impulsar la transformación de la isla en un estado libre asociado a los Estados Unidos en 1952. Se trataba de un plan bien orquestado entre los Estados Unidos y el gobierno de la isla. Según el Centro de Estudios

9 https://centropr-archive.hunter.cuny.edu/education/story-us-puerto-ricans-part-four.

Puertorriqueños de Hunter College,[10] este plan económico fue el resultado de la transición de una economía agraria a una industrial. La implementación de este plan económico significaba que se incentivaría a un tercio de la población puertorriqueña de la isla a emigrar al norte, hacia el continente. El objetivo era mitigar la pobreza extrema de la isla y estimular la actividad económica en el continente, que había sufrido una escasez de mano de obra tras la Segunda Guerra Mundial.

El 85 % de los que emigraron se establecieron en la ciudad de Nueva York.

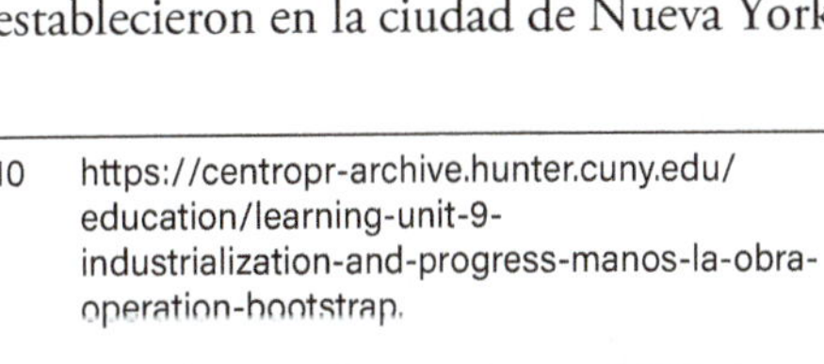

10 https://centropr-archive.hunter.cuny.edu/education/learning-unit-9-industrialization-and-progress-manos-la-obra-operation-bootstrap.

Alfonso Ruíz Martinez

Abuelo Juan Ruíz Torres

Mami Ventura Martinez

Tía Conrada Martinez, mi tía abuela

Mama Bernarda Martinez, mi bisabuela

Tía Fela Ruíz, mi tía

Mis padres estaban entre ellos. Ellos fueron unos de los miles que viajaron durante seis horas en aviones de carga militares reacondicionados, equipados con bancos de madera y sillas de jardín atornilladas al piso del avión. Ambos describieron el vuelo como aterrador y agotador.

Mi padre, Alfonso Ruíz Martínez, era un puertorriqueño muy orgulloso y trabajador, sumamente leal y protector con su familia. Como la mayoría de los *puertorriqueños,* era mestizo y tenía ascendencia mixta. Mi abuela *Mami Ventura* era indígena de ascendencia taína y española, procedente de las Islas Canarias, frente a la costa del norte de África. Mi abuelo, Juan Ruíz Torres, era de ascendencia española y crio a una familia de ocho hijos. A los diecinueve años, en 1952, mi padre emigró a los Estados Unidos desde Ponce, Puerto Rico, y se estableció en South Bronx. Su tía, Tía Conrada Martínez, nació en 1919 en Penuelas, Puerto Rico. Tía Conrada se convertiría en la matriarca de su familia en el país, alojando a mi padre y a varios de sus hermanos, que buscaban una vida mejor y mayores oportunidades económicas en los Estados Unidos.

Mi tía abuela, Tía Conrada, emigró a Nueva York en 1950. Se instaló en 851 Prospect Avenue, en South Bronx. Hospedó a mi padre, a dos de sus hermanas, Lola y Rafaela, y a su hermano mayor, Francisco, apodado "Pancho". Durante varios años, Mama Bernarda Martínez, mi bisabuela paterna, viajó al Bronx desde Ponce, Puerto Rico, y vivió con su hija en Prospect Avenue para cuidar de sus nietos mientras ella trabajaba. Tía Conrada era conocida por ser una tía muy estricta, trabajadora y cariñosa que, aunque tenía hijos propios, se preocupaba por el bienestar de sus sobrinas y sobrinos. Trabajaba como costurera en el distrito de la moda. Mi Tía Fela (Rafaela), que ahora tiene ochenta y siete años, era una de las sobrinas que vivían con ella en el Bronx, Nueva York. Tía Fela recuerda con mucha ternura y gratitud que, cuando era niña en Puerto Rico, su familia recibía paquetes con ropa preciosa, toda hecha a mano por Tía Conrada, para ella y sus hermanos. Estas prendas hechas a mano y confeccionadas con tanto cariño por su tía fueron las que llevó puestas el día que tomó el agotador vuelo de seis horas a Nueva York en 1952 para comenzar una nueva vida.

Mi madre, Lucila Rodriguez Ortiz, también viajó desde Guayanilla, Puerto Rico, en 1952 al Bronx, en las mismas condiciones. El 15 de mayo de 1952, Mami viajó desde el aeropuerto de San Juan, en Eastern Airlines, con un boleto de ida por 64,00 dólares. Dejó a sus dos hijos, fruto de su primer

Mami, Guayanilla, Puerto Rico

tumultuoso matrimonio, al cuidado de su hermana Aileen y de su madre, Mama Zenobia, a quien con cariño llamaban *Yaya*. Mami hizo este doloroso sacrificio para escapar de la pobreza y buscar una vida mejor para ella y sus hijos. Contó con el gran apoyo de su tía, Tía Carmela, quien había llegado a Nueva York a finales de la década de 1940 y pudo guiarla y abrirle las puertas de fábricas para que trabaje como costurera. Mis padres se conocieron en South Bronx. Se enamoraron y se casaron en 1954. Mami conoció a mi padre mientras vivía en Stebbins Avenue. Ellos se casaron por civil el 28 de abril de 1954.

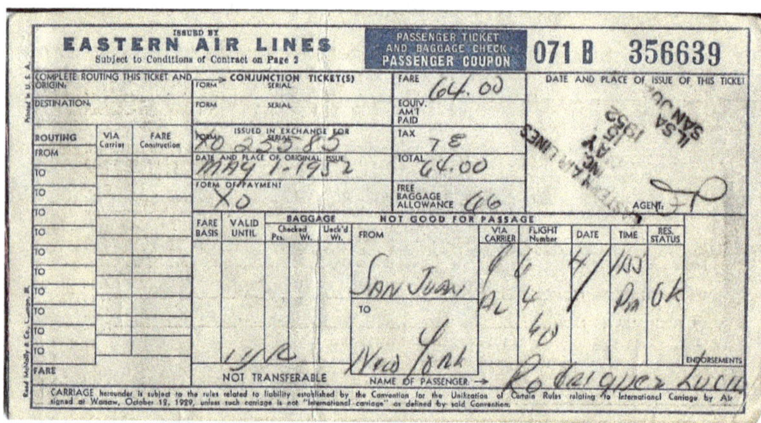

ISSUED BY
EASTERN AIR LINES
Subject to Conditions of Contract on Page 2
PASSENGER TICKET AND BAGGAGE CHECK
PASSENGER COUPON
071 B 356639

COMPLETE ROUTING THIS TICKET AND ORIGIN:
DESTINATION:
CONJUNCTION TICKET(S) FORM SERIAL
FORM SERIAL
FARE 64.00
EQUIV. AM'T PAID
TAX 7E
TOTAL 64.00
DATE AND PLACE OF ISSUE OF THIS TICKET
ISSUED IN EXCHANGE FOR FORM SERIAL 70 25585
DATE AND PLACE OF ORIGINAL ISSUE MAY 1-1952
FORM OF PAYMENT XO
FREE BAGGAGE ALLOWANCE 66
AGENT:

ROUTING	VIA Carrier	FARE Construction
FROM		
TO		
TO		
TO		
TO		
TO		
TO		
TO		
TO		
TO		
TO		
FARE		

NOT GOOD FOR PASSAGE

FARE BASIS	VALID UNTIL	BAGGAGE Checked Pcs.	BAGGAGE Checked Wt.	BAGGAGE Unck'd Wt.	FROM / TO	VIA CARRIER	FLIGHT Number	DATE	TIME	RES. STATUS
					San Juan					Ok
					TO New York					

NOT TRANSFERABLE
NAME OF PASSENGER → Rodriguez Lucia
ENDORSEMENTS

CARRIAGE hereunder is subject to the rules related to liability established by the Convention for the Unification of Certain Rules relating to International Carriage by Air signed at Warsaw, October 12, 1929, unless such carriage is not "international carriage" as defined by said Convention.

Casamiento por civil en 1954

Mi padre salía muy temprano en la mañana para ir a trabajar a las fábricas de hierro y acero de la zona de Hunts Point, que en ese entonces era una de las áreas más corruptas y violentas del Bronx, en manos del crimen organizado. Se lo conocía como el "barrio rojo". Recuerdo que llegaba a casa por la noche muy alterado y frustrado por las largas jornadas laborales, el intenso trabajo que realizaba a cambio de un salario miserable y el maltrato que sufría por parte de sus supervisores racistas. Los desafíos de criar una familia numerosa en South Bronx durante la década de 1960 eran enormes. Su trabajo era proporcionarnos un hogar digno, comida en la mesa, ropa adecuada para ir a la escuela y mantenernos a todos a salvo en una de las zonas más corruptas y violentas del Bronx.

Mi madre Lucila se tuvo que encargar sola de una familia con cinco hijos. Tres tenían menos de seis años y dos eran mis medio hermanos adolescentes, fruto del matrimonio anterior de mi madre en Puerto Rico, antes de que comenzara su nueva vida en Nueva York. En 1966, se sumarían dos nuevos miembros a la familia, con lo que serían siete hijos a los que mantener y criar hasta la edad adulta. Sin embargo, las dificultades que soportó durante su infancia y adolescencia en Puerto Rico la prepararon para la dura realidad de vivir en South Bronx siendo puertorriqueña.

LUCILA RODRIGUEZ ORTIZ: SOBREVIVIENTE DE LA MASACRE DE PONCE

Años más tarde, realicé un curso en la CCNY sobre la historia de América Latina, Puerto Rico y el Caribe. Este curso y la organización puertorriqueña de derechos civiles a la que me uní, donde me familiaricé con "*temas de concientización y educación sociopolítica*", me proporcionaron una mayor comprensión de la historia de los puertorriqueños y de nuestra identidad como pueblo y nación. Fue entonces cuando desarrollé mi identidad y comprendí mi herencia cultural, además de adquirir un profundo conocimiento de la historia de nuestra familia. Volvía a casa para compartir con *Mami* lo que había aprendido sobre la colonización de los puertorriqueños y le contaba que, gracias a la Ley Jones de 1917, pudimos obtener la ciudadanía estadounidense. Conversaba con ella sobre la brutalidad de la colonización a manos de los conquistadores españoles, el trato inhumano a los esclavos africanos y la aniquilación de los pueblos indígenas que también formaban parte de nuestro ADN. Le conté con entusiasmo lo que había aprendido sobre la invasión estadounidense de 1898.

Hasta ese momento, nunca la había oído mencionar nuestra ascendencia africana más allá de lo evidente, que su madre y sus hermanos eran negros. Le hablé con fervor sobre los africanos que fueron traídos a Puerto Rico como esclavos. Hasta ese momento, ella seguía resistiéndose a cualquier conexión con sus raíces. Mami, a la edad de cinco años, tras el fallecimiento de mi abuelo Rosario Urutia Bosch Rodríguez en 1929, empezó a pasar la mayor parte de su tiempo con su tía *Carmen Ortiz Medina* (*Tía Carmela*) y su *Tío Quino* en Ponce, uno de los *pueblos* más grandes de la isla. Mi tía abuela *Tía Carmela* se desempeñó como enfermera y participó en el partido nacionalista como miembro de "*las Cadetas de la República*" junto con su esposo. Eran nacionalistas puertorriqueños y seguidores de Don Pedro Albizu Campos, "*El Maestro*". Don Pedro era un abogado afroboricua que se graduó en la Facultad de Derecho de Harvard a principios de la década de 1930. Se alistó como soldado en la Primera Guerra Mundial. Era un gran intelectual y orador. Dedicó su vida a la independencia de Puerto Rico y a la descolonización de los Estados Unidos. Para Puerto Rico, él fue lo

Mi tía abuela, Tía Carmela y su esposo, Jose Medina

que Nelson Mandela representó para Sudáfrica: un luchador por la libertad, un revolucionario y un nacionalista.

Cuando mencioné la "*La Masacre de Ponce*" de 1937, se animó y se puso pensativa. Comenzó a relatar con determinación y gran nivel de detalle, y compartió en voz baja que ella, sus hermanos, su tía y su tío, que eran sus tutores en ese momento, habían sobrevivido a "*La Masacre*". Me senté y escuché con incredulidad y asombro que mi madre hubiera vivido y sobrevivido a esta parte de nuestra historia. Mami compartió con vívidos detalles la mañana de ese Domingo de Ramos, 21 de marzo de 1937, en Ponce, Puerto Rico, cuando los nacionalistas se reunieron en "*La Plaza de las Delicias*". Todos asistieron a un servicio religioso. Ella describió que, liderados por Don Pedro, planearon una marcha pacífica para conmemorar la abolición de la esclavitud y declarar a Puerto Rico como una nación soberana que buscaba su independencia de la colonización y la opresión del gobierno estadounidense. Después de llegar a las calles Aurora y Marina, Don Pedro y otros líderes pronunciaron sus discursos y, luego, comenzó la marcha con el canto de "*La Borinquena*", el himno nacional de Puerto Rico.

Mi madre fue testigo de este momento histórico y me contó cada detalle: los vestidos blancos que llevaban las *enfermeras*, los uniformes de los cadetes, que consistían en pantalones blancos y camisas negras, el himno que comenzaron a cantar y cómo su hermano menor (mi tío), Tío Reinaldo Ortiz Rodriguez, iba al frente de los manifestantes y era uno de los portadores de la bandera puertorriqueña. Reinaldo, con diez años, caminaba al frente de la marcha. Con lágrimas en los ojos, Mami recordó que cuando comenzó el himno nacional y mi tío, mi madre y sus hermanas comenzaron a marchar, escucharon disparos. La multitud, entre gritos y llantos, se dispersó y corrió en diferentes direcciones. Más de doscientos policías que acudieron desde diversas localidades como refuerzo, equipados con rifles y bayonetas, comenzaron a disparar. Los nacionalistas estaban desarmados. Quedé muy impactada durante varios días. No podía creer que nunca me hubiera contado esta historia. Ansiaba compartirla con mis amigos. Revisé mis libros de texto sobre la historia de Puerto Rico y comprobé que todos los detalles narrados por mi madre coincidían con mis investigaciones. La policía hirió a cientos de personas y asesinó a diecisiete nacionalistas, incluidos niños inocentes que fueron masacrados, junto con dos agentes de policía. Entre los fallecidos se encontraba una compañera de clase de mi madre, Georgina Maldonado, de doce años, que murió con ramos de palmas en las manos. Años más tarde, visité el lugar de la masacre y encontré su nombre en la placa conmemorativa.

Fuente: Biblioteca del Congreso, División de Impresiones y Fotografías, Administración de Seguridad Agrícola/Oficina de Información de Guerra, negativos en blanco y negro.

Hay pruebas documentadas de que el general Blanton Winship ordenó intimidar con violencia a los nacionalistas que no desistieran de sus planes de marchar. Un asistente del gobernador, en Fortaleza (la mansión del gobernador), había determinado que el desfile tenía carácter militar y, por lo tanto, era ilegal. La policía que se encontraba en el lugar tenía órdenes de "disparar a matar" si los desobedecían. Mami recordó que durante varias horas nadie supo el paradero de mi Tío Rey. Las historias narradas por mi madre y mi tío, y también recopiladas por sus hijas (mis primas), cuentan cómo se escondió debajo de un cadáver durante un tiempo, luego se liberó y corrió hacia una casa cercana, empujó la puerta y se refugió allí junto con otras personas.[11]

Años más tarde, a finales de la década de 1990, visité el lugar. Hoy es un edificio emblemático convertido en museo. "*El Museo de La Masacre de Ponce*" está situado en la esquina exacta donde tuvo lugar "*La Masacre*" y donde Don Pedro y el cuartel general nacionalista celebraban sus reuniones y planificaban sus estrategias para obtener la independencia. A pesar de los testigos y las pruebas de que los nacionalistas no iban armados, nunca se presentó ninguna acusación contra la policía. El presidente Roosevelt destituyó a Blanton Winship de su cargo en 1939.

Al conocer esta parte de la historia de mi madre, cuando tenía veintitantos años, no fue una coincidencia que varios de mis primos maternos y yo nos sintiéramos atraídos por los ideales revolucionarios y los movimientos radicales para luchar por la independencia de Puerto Rico y la justicia social y económica. El espíritu de resistencia estaba en nuestro ADN. Naturalmente, el trauma que sufrió mi madre en 1937 le hizo temer que yo participara en marchas y protestas en defensa de los derechos de los puertorriqueños contra la brutalidad policial, las condiciones de vivienda y atención médica inadecuadas, y a favor de una educación de calidad para todos. Nunca dejé de luchar.

ESCUELA PRIMARIA: ESCUELA PÚBLICA N.º 20

En 1962, mis padres me inscribieron en el jardín de niños de la escuela pública n.º 20, a una cuadra y media de nuestra casa en Simpson Street.

11 Democracynow, "Remembering Puerto Rico's Ponce Massacre," 22 de marzo de 2007, https://www.democracynow.org/2007/3/22/remembering_puerto_ricos_ponce_massacre.

Recuerdo que mi escuela primaria era muy estructurada y disciplinada. El edificio, que ya tenía cincuenta años, era espacioso, con al menos cinco mil quinientos metros cuadrados, un gimnasio y un patio muy grande. La escuela tenía cinco pisos llenos de aulas equipadas con pupitres de madera con espacios para tinteros, pizarras negras, armarios y grandes escritorios de madera para los docentes.

Public School 20, Bronx

COMMENDATION CARD

Elaine Ruiz of

Class 5-1 is hereby commended for excellence in School work

Date 22, 1967 RICHARD LONOFF, Principal

En este ambiente, era evidente que los adultos estaban al mando. Nuestro director, el Sr. Lonoff, y la vicedirectora, la Sra. Larkin, eran muy estrictos y profesionales. Todos ellos eran blancos. Los maestros siempre iban bien arreglados, presentaban una imagen profesional y estaban preparados para enseñar. No fue sino hasta mucho más tarde que me di cuenta de que los maestros de allí tenían muy pocas expectativas respecto a los niños puertorriqueños como yo. Al parecer, yo era una de las excepciones, y algunos de mis maestros se percataron de mis logros académicos y mi potencial.

Me inscribieron en clases para estudiantes superdotados, también conocidas como el programa para Niños Intelectualmente Dotados (IGC). En aquel entonces no era consciente de ello, pero me estaban "haciendo un seguimiento". Me sentaba al frente de la clase y podía elegir todos los libros que quisiese leer. Además, tenía privilegios especiales, como ser la delegada de la clase y ocuparme de los recados de mis maestros de quinto y sexto grado, a quienes les llevaba sándwiches de atún y medias. Yo formaba parte del grupo de estudiantes "favoritos", los "consentidos del maestro", que llenaban la cubeta con agua para limpiar las pizarras y se sentaban en primera fila, cerca del escritorio del maestro. Se trata de una cualidad que más adelante adquirió un significado muy diferente, cuando comencé mi carrera como docente y comprendí las implicaciones que tenía para otros niños como yo, que sobrevivieron a los estereotipos y al trato desigual.

Siempre obtuve excelentes calificaciones en cada uno de los cuatro trimestres durante los años que cursé de 1.º a 6.º grado. El único comentario que disgustó a mis padres fue que hablaba mucho. Gracias a mis excelentes resultados, el bibliotecario me recompensó con un puesto de voluntaria en la biblioteca de la escuela. Mi trabajo consistía en cubrir los libros de tapa dura con fundas de plástico transparente para protegerlos. Me gustaba esta tarea y sabía que hacía algo importante para la educación de los demás. Me encantaba la sensación de tener los libros en mis manos y sus ilustraciones.

De niña, solía entrar a una biblioteca en Southern Boulevard de camino a casa, solo para mirar los libros e imaginar todo el conocimiento que se encontraba dentro de sus páginas. En la biblioteca reinaba una sensación de paz y consuelo que nunca experimenté en ningún otro lugar durante mis años de primaria. Esta afición y amor por los libros continuó durante mis años universitarios en la CCNY y en la escuela de posgrado, y se prolongó durante mis primeros años como docente y a lo largo de toda mi vida profesional.

En todas las reuniones de padres y maestros, les informaban a mis padres que yo era diferente: muy inteligente, con habilidades lingüísticas y de lectura avanzadas. A pesar de que ninguno de los dos hablaba bien inglés, entendían el idioma, ya que ambos tomaron cursos en Puerto Rico. Me describían como una estudiante con gran potencial académico y posibilidades de convertirme en la primera mujer astronauta. Les dijeron que podía hacer cualquier cosa que me propusiera. Cuando estaba en sexto grado, ya leía a un nivel de undécimo grado. Las clases del programa IGC en las que me inscribí se designaron como clases de progreso especial desde el primero hasta el séptimo grado. Aunque asistía a un programa de "progreso especial", lo que siempre recordaré con claridad es la enorme decepción y sensación de fracaso que sentí, al no considerarme con la preparación suficiente para

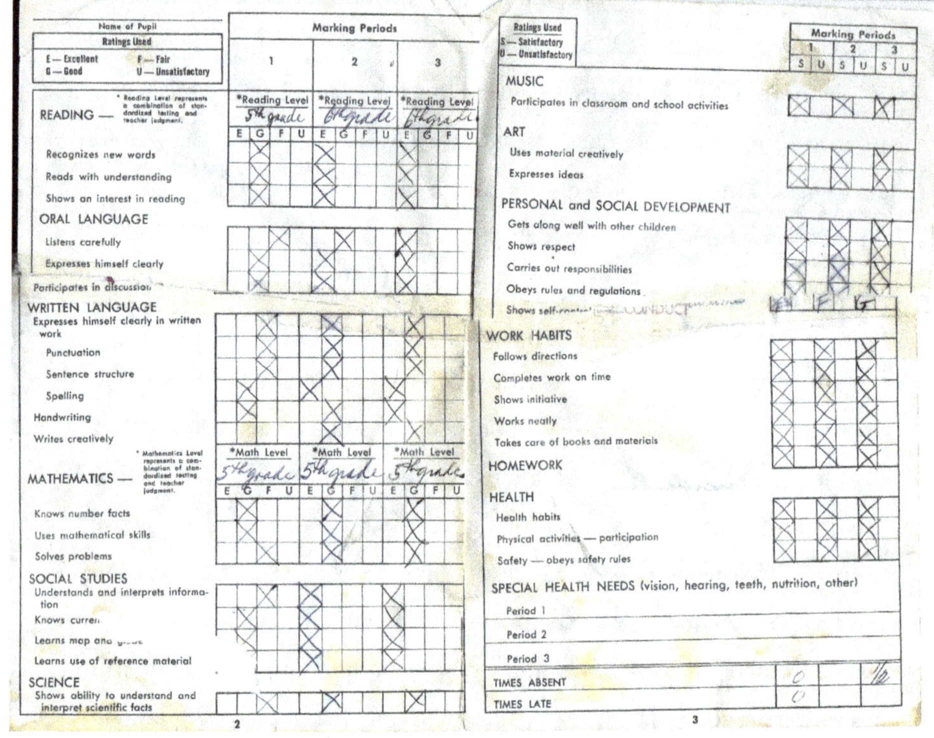

Name of Pupil

Ratings Used
E — Excellent F — Fair
G — Good U — Unsatisfactory

Marking Periods 1 2 3

READING — * Reading Level represents a combination of standardized testing and teacher judgment.

*Reading Level 5th grade | *Reading Level 6th grade | *Reading Level 6th grade

E G F U

Recognizes new words
Reads with understanding
Shows an interest in reading

ORAL LANGUAGE
Listens carefully
Expresses himself clearly
Participates in discussion

WRITTEN LANGUAGE
Expresses himself clearly in written work
Punctuation
Sentence structure
Spelling
Handwriting
Writes creatively

MATHEMATICS — * Mathematics Level represents a combination of standardized testing and teacher judgment.

*Math Level 5th grade | *Math Level 5th grade | *Math Level 5th grade

E G F U

Knows number facts
Uses mathematical skills
Solves problems

SOCIAL STUDIES
Understands and interprets information
Knows curren...
Learns map and ...
Learns use of reference material

SCIENCE
Shows ability to understand and interpret scientific facts

2

Ratings Used
S — Satisfactory
U — Unsatisfactory

Marking Periods 1 2 3
S U S U S U

MUSIC
Participates in classroom and school activities

ART
Uses material creatively
Expresses ideas

PERSONAL and SOCIAL DEVELOPMENT
Gets along well with other children
Shows respect
Carries out responsibilities
Obeys rules and regulations
Shows self-control

CONDUCT

WORK HABITS
Follows directions
Completes work on time
Shows initiative
Works neatly
Takes care of books and materials

HOMEWORK

HEALTH
Health habits
Physical activities — participation
Safety — obeys safety rules

SPECIAL HEALTH NEEDS (vision, hearing, teeth, nutrition, other)
Period 1
Period 2
Period 3

TIMES ABSENT 0 ½
TIMES LATE 0

3

Mi boleta de calificaciones de quinto grado

presentarme al examen de admisión de un programa altamente especializado y muy competitivo al que deseaba ingresar.

Fui una de las pocas alumnas de mi clase de quinto grado seleccionadas para realizar un examen especializado de admisión a la escuela secundaria Hunter College Junior High School, situada en la zona este de la ciudad de Nueva York. Pero estaba tan mal preparada para esta evaluación que dejé la mayor parte de mi examen en blanco, en particular en matemáticas. Aunque me destacaba a nivel académico en la escuela pública n.º 20, era evidente que no me habían preparado para competir por una vacante en una escuela especializada. Esto hubiese requerido acelerar el plan de estudios de matemáticas al que tenía acceso a un nivel superior al que me encontraba.

No tuve la misma preparación ni las mismas oportunidades para aprobar este examen, aunque me seleccionaron entre otras cuatro estudiantes de quinto grado por mis altas calificaciones en inglés y lectura. Este selecto grupo de estudiantes representaba la herencia puertorriqueña, irlandesa y judía. Mis maestros de los grados superiores me favorecían y me tenían mucho cariño. Mi rendimiento académico era "excelente" y así lo reflejaban las calificaciones que figuraban en mis libretas de calificaciones. Los comentarios demostraban que leer era mi actividad favorita y que tenía potencial para convertirme en la primera mujer astronauta. Estas observaciones emocionaron a mis padres y los hicieron sentir muy orgullosos. Yo era su estrella brillante. Sin embargo, tener un buen desempeño en una escuela de South Bronx no era suficiente. No contaba con la preparación necesaria para el nivel de exigencia que requería un examen tan especializado. Por lo tanto, no aproveché la oportunidad que se me brindó y no aprobé el examen. Recuerdo el momento en que me informaron que ya no era elegible para este prestigioso programa de estudios. Me sentí muy decepcionada. Estaba devastada. Más tarde me enteré de que solo uno de mis cuatro compañeros de clase aprobó el examen y fue seleccionado para ingresar de manera especial a la escuela secundaria privada.

THE LIBRARY OF COLUMBIA UNIVERSITY

CAPÍTULO 2

DEL RESPLANDOR A LA PENUMBRA

> "Mi infancia fue una versión distorsionada de *El color púrpura*, ambientada en el Bronx. La banda sonora era muy diferente y no había árboles, pero la desesperación era la misma".
>
> **—TRACY MORGAN**

La transición a la secundaria: víctima del sistema de niveles

El profesor Robert E. Slavin[12] explica que la práctica del sistema de niveles comenzó en la década de 1930 y que, durante los últimos treinta años, ha sido objeto de intensas críticas y análisis. Se trata de un método que utilizan muchas escuelas para agrupar a los estudiantes según su capacidad aparente, su CI o su nivel de desempeño. Los estudiantes se clasifican según su nivel de desempeño (alto, medio o bajo) para proporcionarles un plan de estudios y una enseñanza adecuados a sus necesidades individuales. Se considera que este modelo es injusto y perjudicial para los estudiantes, en especial para los de niveles bajos y medios, en los que predominan los estudiantes de color con bajos ingresos o en situación de pobreza.

12 Robert E. Slavin, "Achievement Effects of Ability Grouping in Secondary Schools: A Best Evidence Synthesis," *Review of Educational Research* 60, n.º 3 (Otoño de 1990): 471–499.

Según Education Trust[13] (2004), la educación de los estudiantes en los niveles más bajos se centra en la socialización, los comportamientos positivos y la adquisición de habilidades básicas. Históricamente, a estos estudiantes se les suelen asignar los docentes menos calificados; los mejores y más eficaces se reservan para quienes están en los niveles más altos. Este modelo establece un sistema que condena al fracaso a los estudiantes ubicados en los niveles de bajo desempeño y produce resultados desiguales para quienes están en los niveles de alto desempeño, en comparación con quienes se encuentran en los niveles de bajo desempeño.

En la escuela secundaria, viví lo que denominaré "retroceso dentro del sistema de niveles". Se trata de un proceso en el que las escuelas secundarias revisan el desempeño cuestionable de los estudiantes y, sin demasiada reflexión ni consideración por el historial de altos logros académicos del niño, se toma la decisión de bajarlos de un nivel superior a uno inferior. Después de haber estado en clases para estudiantes del programa IGC durante los seis años de primaria, me reasignaron a un programa de "desempeño inferior" en séptimo grado debido a mi bajo rendimiento y a más de setenta faltas crónicas. Me derivaron a un consejero, que me analizó y observó para determinar qué me pasaba.

Durante mucho tiempo no pude ni quise hablar y tampoco disfrutaba nada. Ahora, si lo pienso, creo que sufría de una depresión grave que se repitió durante toda mi adolescencia. Pero nunca me la diagnosticaron. La reunión con el psicólogo orientador no tuvo éxito y determinaron que me bajarían de nivel.

El sistema educativo me falló, al igual que a miles de otras personas anónimas. Durante más de setenta años, la práctica del sistema de niveles en las escuelas secundarias fue un tema de gran debate. Hace poco, el tema del sistema de niveles según las capacidades de los estudiantes ha sido objeto de

13 Education Watch New York. Key Education Facts and Figures. Achievement, Attainment and Opportunity from Elementary School Through College. 2004.

un intenso escrutinio. Durante los últimos treinta años, se impulsó el cambio del modelo de instrucción homogéneo al heterogéneo como una forma de igualar las condiciones para los estudiantes pobres de color y garantizar que todos ellos reciban el mismo plan de estudios y nivel de enseñanza que los demás. En un modelo homogéneo, todos los estudiantes tienen capacidades y habilidades iguales o similares, mientras que en un modelo heterogéneo, los estudiantes con capacidades y habilidades diferentes comparten el mismo plan de estudios, usan los mismos recursos y aprenden en la misma clase.[14] La investigación respalda que esto aumentaría la equidad educativa, ofrecería mayores oportunidades de éxito a los estudiantes de color y eliminaría los sesgos inherentes que implican predeterminar qué estudiantes leerán los clásicos, cuáles recibirán un plan de estudios acelerado de ciencias y matemáticas, y a quiénes se preparará para asistir a la universidad.

EL SISTEMA EDUCATIVO ME FALLÓ, AL IGUAL QUE A MILES DE OTRAS PERSONAS ANÓNIMAS.

Según el profesor Robert E. Slavin,[15] esta modalidad de sistema de niveles, basado en agrupar a los estudiantes por capacidades y por aulas, "no tiene beneficios para nadie". El profesor Slavin lleva años en una investigación que muestra que esta práctica solo beneficiará a los estudiantes que ya tienen un alto desempeño y perjudicará a los estudiantes de color de comunidades pobres que ya se encuentran marginados. Afirma que "la segregación de estos estudiantes tiene un impacto negativo en su comportamiento y desarrollo social, y limita aún más sus oportunidades y perspectivas de acceder a una educación superior".

14 Debra Viadero, "Research on tracking," 14 de octubre de 1998, https://www.edweek.org/education/research-on-tracking/1998/09.

15 Laura Manserus, "Should tracking be derailed?" 1 de noviembre de 1992, https://www.nytimes.com/1992/11/01/education/should-tracking-be-derailed.html.

Los intentos sostenidos por brindarme apoyo socioemocional habrían revelado que atravesaba un trauma en la adolescencia debido a la violencia doméstica en mi hogar, así como a la presencia de agresores sexuales en nuestra familia extendida y en la comunidad. El deterioro creciente del vecindario y el incendio intencional de edificios en la calle donde vivíamos agravaron el trauma. Esta experiencia se agravó aún más por el consumo desenfrenado de heroína y la adicción que nos rodeaban, tanto en las inmediaciones de nuestro edificio como en las azoteas de los tres edificios de la cuadra. Estaba aterrada.

Dos de mis hermanos menores tenían necesidades especiales y presentaban conductas sumamente desafiantes. Al parecer, mi madre no se daba cuenta de mis problemas, ocupada con el cuidado de una casa con cinco hijos, tampoco sabía cómo ayudarme, ya que se sentía desbordada por sus propios desafíos como madre y esposa. Como todos pensaban que yo era la niña más aplicada, la que tenía más éxito y menos problemas, no me vigilaban demasiado. Esto me hizo más vulnerable y me obligó a resolver todo por mi cuenta entre los diez y los trece años, sin recibir el apoyo necesario.

Al final del séptimo grado, me retiraron del sistema de niveles de progreso especial y me ubicaron en un nivel intermedio con clases de francés y orquesta (8-FO2). Apenas aprendí a tocar el contrabajo y mi conocimiento de francés se limitaba a los saludos y al vocabulario básico necesario para sobrellevar una situación en un restaurante francés o para encontrar un baño. Este fue el comienzo de la peor etapa de mi formación académica.

Al llegar el momento de ir a la escuela secundaria, me asignaron directamente a una escuela vocacional, la escuela Grace Dodge Vocational High School, donde me dijeron que sería una buena secretaria o cosmetóloga. Me inscribí en clases donde aprendí taquigrafía y los fundamentos de la cosmetología. Pero las trayectorias profesionales disponibles no me motivaban en lo más mínimo; no quería ser costurera, secretaria ni cosmetóloga. No me interesaban estas profesiones ni el aprendizaje de estas habilidades. Simplemente no me ofrecían un desafío real y no captaban mi imaginación, ni me inspiraban. Recién cuando ingresé a la universidad aprendí a valorar la importancia de haber tenido acceso a una máquina de escribir y a las destrezas de la mecanografía.

Me convertí en madre adolescente cuando estaba en segundo año de secundaria y experimentaba muchos problemas emocionales y desafíos que la mayoría de los adolescentes o mis compañeros de clase nunca vivieron. Aunque contaba con el apoyo económico de mis padres y tenía un lugar donde vivir y comer, atravesé situaciones a las que la mayoría de los adolescentes jamás deberían enfrentarse. Tuve una hija, Monica, e inmediatamente supe que quería un futuro mejor para ella. Sabía que la solución era terminar mis estudios y comenzar a trabajar.

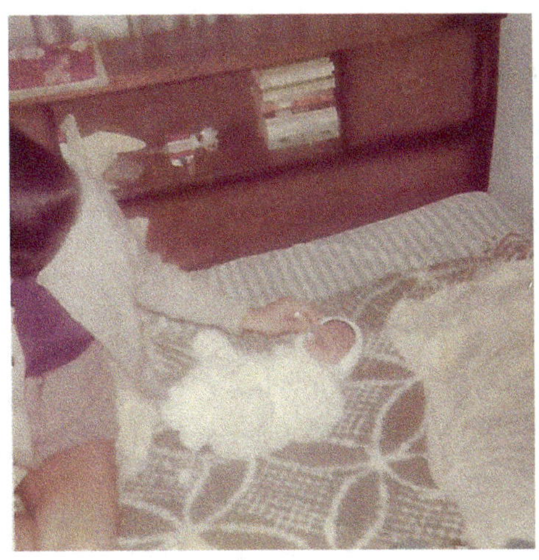

Yo, a los 16 años, con mi bebé recién nacida, Monica

Al final de mi tercer año de secundaria, me convocaron a una reunión con el subdirector junto a mi madre. Me informaron que tendría que repetir el penúltimo año. Me quedé inmóvil en la silla donde estaba sentada y no dije nada, como era normal en mí en ese entonces. Mi mamá aceptó la decisión sin demasiada resistencia. Pero yo no quería repetir todo un año solo para volver a recibir una educación deficiente. Ahora tenía una hija, y su futuro me preocupaba y agobiaba. Deseaba lo mejor para ella.

Durante la mayor parte de mi adolescencia estuve conmocionada y aturdida por las circunstancias que me rodeaban, la exposición a las drogas y la violencia, y lo que me había tocado vivir. El desaliento fue tan grande

Mi bebé Monica

y abrumador que decidí, por instinto, que lo mejor para mí era dejar la escuela secundaria e inscribirme en una escuela nocturna para obtener el GED. Era una madre adolescente con todo en contra. En ese momento no lo sabía, pero tenía una misión en la vida y un destino que cumplir. El fracaso no era una opción para mí, no podía rendirme.

Por aquel entonces no conocía el término, pero creo que fue en ese momento cuando aprendí a no aceptar un no por respuesta ni permitir que los demás determinaran quién era o debía ser. Algunos calificaban este rasgo emergente de mi carácter como terquedad y rebeldía. En gran medida, tenían razón. Lo que desconocían es que de esa terquedad y rebeldía obtenía la fuerza y determinación para luchar por mi integridad, mi dignidad y el futuro de mi hija. Fue entonces cuando comencé a aprender lo que significaba ser resiliente.

EN ESE MOMENTO NO LO SABÍA, PERO TENÍA UNA MISIÓN EN LA VIDA Y UN DESTINO QUE CUMPLIR.

Tenía la necesidad y el deseo de salir del pozo de desesperación en el que me encontraba. Sin ninguna orientación, pensé que si asistía a la escuela nocturna y estudiaba para obtener mi GED, podría completar los estudios junto a mis compañeros de clase. Seis meses después de inscribirme en la escuela nocturna, aprobé el examen GED y pude tomar decisiones importantes sobre mi futuro. El sobre con mis resultados incluía una carta de invitación para inscribirme en la CCNY.

Aproveché la oportunidad de inmediato. En lo más profundo de mi ser, sabía que era el momento perfecto para adquirir los conocimientos y la preparación que buscaba. Era la oportunidad que me permitiría generar un cambio y marcar la diferencia en las vidas de miles de estudiantes. Desde el momento en que me abrieron las puertas, supe que mi educación era fundamental para encontrar una solución. Seguí compartiendo esta oportunidad con todas las "Elaines" que esperaban que les llegara su momento y que alguien se preocupara por conocer sus sueños y les ofreciera la oportunidad de alcanzarlos.

Hice trabajos ocasionales y trabajé en lugares como Chock Full o'Nuts, White Plains Road y la esquina de Pelham Parkway, que era el Dunkin Donuts de las décadas de 1960 y 1970. Por suerte, mi padre me ayudaba con el transporte y me entregaba una mesada de 5 dólares a la semana, ya que yo había dejado de ser elegible para el pase gratuito del autobús escolar. En 1974, el pasaje costaba 35 centavos por trayecto. Esa era la cantidad que él podía pagar y yo se lo agradecía. Esos pocos dólares me permitieron sobrevivir durante los tres meses que duró la escuela nocturna. Sobrevivía con una porción de pizza que costaba 35 centavos y, por las mañanas, con una rosquilla de 16 centavos. También podía comprar en la bodega un sándwich de jamón y queso fundido, acompañado de café o jugo, todo por menos de 1 dólar. La mayoría de las veces simplemente no comía hasta que regresaba a casa y disfrutaba de las deliciosas recetas caseras de mi madre, que consistían sobre todo en arroz blanco puertorriqueño, frijoles y pollo frito; mi plato favorito.

Como madre soltera, era elegible para recibir cupones de alimentos y ayudas para hijos dependientes, también conocidas como asistencia social. En 1974, solicité con desgano la ayuda del gobierno. En nuestra familia no era habitual pedir ayuda o limosna, incluso en situaciones de necesidad. Mi padre era un puertorriqueño muy orgulloso; incluso en los momentos más difíciles se negaba a solicitar asistencia social. A menudo trabajaba muchas horas extras hasta altas horas de la noche para llegar a fin de mes.

De niña recuerdo las acaloradas discusiones entre mi madre y mi padre sobre lo que se pensaba de los beneficiarios de la asistencia social. Papi era demasiado orgulloso como para permitir que su familia las recibiera. Una familia de cuatro miembros con ingresos inferiores a 3 000 dólares se consideraba en situación de pobreza. Aunque nosotros no cumplíamos exactamente con ese criterio, solíamos quedarnos sin comida suficiente. Cuando escaseaban los alimentos y los tiempos difíciles se hacían sentir, Mami preparaba el mejor arroz blanco y los mejores huevos fritos que se puedan imaginar. Eso, junto con el sándwich de tomate en pan blanco, era habitual en nuestra dieta.

En la década de 1960, la mayoría de las familias trabajadoras pobres, aunque no eran elegibles para recibir asistencia del gobierno ni "asistencia social", sí podían acceder a ayuda alimentaria a través del programa de Excedentes del gobierno.[16] Este programa tenía como objetivo complementar los ingresos de los agricultores que no podían vender toda su producción. De la noche a la mañana, los agricultores comenzaron a producir toda la leche posible para aprovechar el dinero del gobierno. El gobierno compró la leche que los productores lácteos no podían vender y comenzó a procesarla para convertirla en queso, mantequilla y leche en polvo deshidratada.

Las familias tenían que cumplir con un límite de ingresos y, al parecer, la nuestra lo cumplía. Recuerdo que los camiones del USDA llegaban al barrio para distribuir huevos y leche en polvo, mantequilla de maní, bloques de queso y carne enlatada que ahora conocemos como SPAM. Cientos de residentes de la comunidad, incluidos mis padres, hacían largas filas para recibir los alimentos gratuitos suministrados por el gobierno. Aunque

16 Erin Blakemore, "How the US ended up with warehouses full of 'Government Cheese,'" 25 de agosto de 2023, https://www.history.com/news/government-cheese-dairy-farmers-reagan.

solo fuimos elegibles durante unos dos años, nos ayudó a llegar a fin de mes. Una vez que dejamos de cumplir con los requisitos, ya no pudimos seguir disfrutando del queso más sabroso y salado que habíamos probado. Es increíble que la carne SPAM haya vuelto a ponerse de moda y sea tan popular entre los estudiantes universitarios.

MDCCLIV
THE LIBRARY OF COLUMBIA UNIVERSITY

CAPÍTULO 3

CITY COLLEGE OF NEW YORK: UN MUNDO CON PROPÓSITOS

> "No desperdiciaré mi oportunidad".
> **—LIN-MANUEL MIRANDA, *HAMILTON***

Acepté la oferta para asistir a la CCNY y tuve la suerte de ser admitida gracias a las protestas estudiantiles que exigían una mayor diversidad étnica y racial en la comunidad estudiantil. Me aceptaron en el programa SEEK, durante el período de admisión abierta de 1975. Debo haber tenido un ángel de la guarda y no iba a desperdiciar mi oportunidad. Esta frase, que se hizo famosa gracias a *Hamilton*, la exitosa obra de Broadway de Lin-Manuel Miranda, es muy significativa para muchas personas. Para mí significa no aceptar un "no" por respuesta. Frente a mi oficina, coloqué de manera intencional, un cartel que dice: "*Fallarás el 100 % de los lanzamientos que no te animes a hacer*".

La oportunidad de asistir a la universidad cambiaría el rumbo de mi vida. La decisión que tomé en 1974 de abandonar la secundaria y asistir a la escuela nocturna me llevaría por un camino que cambiaría la vida de mi propia hija, la economía personal de mi familia y la de miles de estudiantes a los que aún no había conocido. Desde el momento en que se me abrió la puerta, me sentí emocionada y apasionada ante la idea de cómo podría utilizar mi educación para contribuir a la solución. Desde muy joven supe que una buena educación sólida era el mejor igualador y un elemento fundamental para combatir la pobreza, el hambre y la desesperación que veía en nuestros barrios.

Inscribirme en la universidad me permitiría iniciar mi trayectoria hacia la obtención de una licenciatura en Enseñanza Primaria Bilingüe por la CCNY en 1980. Gracias a mi sólida formación y a mi gran motivación, tuve la oportunidad de comenzar a trabajar como maestra de niños puertorriqueños y afroamericanos que vivían en la pobreza, en el distrito electoral más pobre de los Estados Unidos, una comunidad con la tasa de mortalidad infantil más alta, el mayor índice de consumo de drogas y una profunda sensación de desesperanza.

A finales de la década de 1970 y principios de la década de 1980, tras los incendios provocados y la destrucción, algunas zonas del Bronx parecían una zona de guerra. South Bronx se convirtió en un tema de agenda nacional para la Casa Blanca, y los presidentes de los Estados Unidos, Jimmy Carter y Ronald Reagan, acudieron a la zona tras los incendios provocados y aparecieron en los titulares nacionales, pronunciando discursos desde los escombros de edificios que alguna vez fueron el hogar de miles de familias. Hubo numerosas promesas incumplidas de reconstruir y restaurar las viviendas de los cientos de miles de personas desplazadas a lo largo de una década. El compromiso de invertir fondos federales para reconstruir el barrio South Bronx no se haría realidad hasta pasados quince o veinte años. Parecía que no importaban las vidas de los puertorriqueños y afroamericanos pobres y de clase trabajadora.

CITY COLLEGE OF NEW YORK, DE 1975 A 1980

La arquitectura neogótica era impresionante y me recordaba a los libros que había leído con historias ambientadas en la Edad Media. Cuando pisé el campus de la CCNY por primera vez, sentí que me sumergía en un mundo que contrastaba profundamente con la realidad de mi vida en el Bronx y el barrio de Harlem, donde se encontraba la universidad. La CCNY era un entorno lleno de vida, donde estudiantes de mi edad, de todos los orígenes étnicos y socioeconómicos, tenían una misión.

Los estudiantes leían, estudiaban para los exámenes y participaban en conversaciones sobre el movimiento por los derechos civiles y la guerra de Vietnam. También había fiestas, estudiantes que fumaban marihuana y distracciones sociales por todas partes. Los consejos estudiantiles y los clubes se preparaban para organizar protestas por todo tipo de causas. Yo disfrutaba de ser parte de ese bullicio tan positivo mientras iba de un edificio a otro, abriéndome paso entre la multitud y los pasillos para llegar a clase. Había más de catorce hectáreas de terreno arbolado en el barrio norte de Harlem y tenía que llegar del campus sur al campus norte con solo quince minutos entre el final de una clase y el comienzo de la siguiente. De camino a las clases en el campus sur, solía detenerme en el puesto ambulante de falafel, ya que era la única comida que me podía permitir. Debía administrar los 10 o 15 dólares que tenía para toda la semana y guardar suficiente dinero para pagar el autobús y el tren de ida y vuelta de la escuela.

Shepard Hall de la CCNY.
Fuente: Caballero1967, CC BY-SA 4.0 <https://creativecommons.org/licenses/by-sa/4.0>, a través de Wikimedia Commons

Después de un par de semanas, enseguida sentí que pertenecía a ese lugar y que había encontrado mi tribu: una comunidad de estudiantes inteligentes, divertidos, artísticos, atrevidos, rebeldes y, en su mayoría, procedentes de entornos multiculturales de clase trabajadora, como el mío. Todos nos sentíamos motivados por nuestros objetivos y compartíamos el mismo propósito: conseguir un título y mejorar nuestra economía personal y la de nuestras familias y vecindarios.

Mi autoestima y confianza comenzaron a recuperarse. Me sentí orgullosa de mis logros y, por fin, pude respirar hondo. Había encontrado mi camino y sabía hacia dónde me dirigía. Recuperé el rumbo. Entre mis asignaturas favoritas estaban filosofía, desarrollo infantil, psicología, estudios étnicos, fundamentos de la educación y enseñanza de la lectura y la escritura, y metodologías y materiales curriculares. Este fue el comienzo de mi búsqueda de conocimiento y excelencia académica, que incluyó estudios de posgrado, dos maestrías en Educación y, años más tarde, un doctorado en Educación.

MI AUTOESTIMA Y CONFIANZA COMENZARON A RECUPERARSE. ME SENTÍ ORGULLOSA DE MIS LOGROS Y, POR FIN, PUDE RESPIRAR HONDO. HABÍA ENCONTRADO MI CAMINO Y SABÍA HACIA DÓNDE ME DIRIGÍA. RECUPERÉ EL RUMBO.

No fue sino hasta mucho más tarde, ya en la escuela de posgrado, que descubrí y aprecié la reputación de la CCNY por su excelencia académica y su estatus como universidad para la clase trabajadora. Se la conocía popularmente como “la Harvard del proletariado” o “la Harvard de los pobres”. Un dato especialmente significativo fue que diez exalumnos de la década de 1950 habían recibido el Premio Nobel de la Paz. Algunos estudiantes eran como yo, hijos de inmigrantes o de padres de clase trabajadora, que pronto se convertirían en los primeros de su familia en graduarse de la universidad. Muchos estudiantes eran blancos y tenían trabajos y familias que los ayudaban a cubrir sus necesidades económicas.

Yo tomaba el tren y el autobús para regresar al Bronx, a altas horas de la noche, después de una clase que terminaba a las 9:00 p. m. Cuando llegaba a casa, tenía que preparar las clases para mis estudiantes al día siguiente, planificar las lecciones y organizar los materiales, además de enfrentarme a los desafíos diarios de vivir al día, compaginar mis estudios y mi trabajo, y asumir la carga adicional de no sentirme nunca lo suficientemente capaz de ser madre soltera y cumplir con las expectativas de mi familia. Revisaba los deberes de mi hija y hacía una lista de todo lo que debía comprarle con mi próximo sueldo. Me esforzaba al máximo y lograba más de lo que esperaba. Estaba a punto de cambiar mi vida por completo y nada podía detenerme. Aun así, vivía con una ansiedad crónica por sentir que nunca hacía lo suficiente, por no poder quedarme en casa y ser quien los demás querían que fuera.

SERVICIOS PARA ALUMNOS BILINGÜES, DE 1977 A 1980

En mi tercer año en la CCNY, me seleccionaron para participar en el programa de Servicios para alumnos bilingües (BPS), un plan de formación a nivel municipal financiado con fondos federales y dirigido a la educación de estudiantes bilingües, puertorriqueños y latinos, con el fin de mejorar sus habilidades en matemáticas, lectura e inglés. Los únicos requisitos eran que trabajara a tiempo completo como maestra practicante mientras completaba el resto de mi licenciatura. Me ofrecieron la oportunidad de trabajar en el Distrito Escolar 7, situado en South Bronx. Acepté la oferta con gran entusiasmo. Me asignaron a Lucila Rodríguez, quien se convirtió en mi supervisora de campo durante los dos años siguientes. Me fascinaba que se llamara igual a mi madre.

THE LIBRARY OF COLUMBIA UNIVERSITY

CAPÍTULO 4

EL BRONX ESTÁ EN LLAMAS: RENACER DE LAS CENIZAS

> "Damas y caballeros, el Bronx está en llamas".
>
> **—HOWARD COSELL, 1977**

Cuando me gradué de la licenciatura en educación, quería volver a mi vecindario para lograr un cambio y contribuir a la solución. Al terminar mi experiencia en el BPS, decidí regresar al vecindario para solicitar un puesto en la antigua Junta de Educación de la Ciudad de Nueva York y trabajar a tiempo completo como maestra de niños que se parecían a mí y a mis hermanos. De hecho, ellos eran mi reflejo. A los veintiún años, volví a South Bronx, el lugar donde viví mis recuerdos más felices de la infancia, aprendí las lecciones más importantes, experimenté mis mayores miedos y decepciones sobre la vida, y empecé a tomar conciencia de lo que eran el racismo sistémico y la desigualdad educativa. Al igual que yo, los niños necesitaban educadores puertorriqueños que se preocuparan por su futuro, que estuvieran dispuestos a luchar por la igualdad en la educación y que fueran parte de la solución para transformar las comunidades en las que vivía nuestra gente.

El 12 de octubre de 1977, durante el 2.º juego de la Serie Mundial, el famoso comentarista deportivo Howard Cosell exclamó desde el Yankee

Stadium: "*Damas y caballeros, el Bronx está en llamas*". Sin embargo, el Bronx ya llevaba casi una década en llamas cuando se hizo este anuncio desde el Yankee Stadium. Regresaba a casa desde la CCNY, ubicada en el barrio Hamilton Heights de Manhattan, en un tren que se dirigía al norte por la línea 4 hasta el Bronx. Tenía que tomar los cursos por la noche porque todos los días daba clases hasta las 3:00 p. m. El viaje de regreso a casa siempre era una pesadilla y una lucha por la supervivencia. Los trenes estaban abarrotados, sucios y llenos de rateros. Al menos cuatro noches a la semana, tomaba el tren n.º 1 de Broadway en West 133rd y Amsterdam Avenue hasta la estación de la calle 125th Street, donde hacía transbordo al tren n.º 2 de la línea West Farms hasta la calle 149th Street, para luego cambiar al tren n.º 4 de la línea Woodlawn hasta la parada de Kingsbridge y caminar hasta la calle 196th Street y Grand Concourse, donde vivían mis padres y cuidaban de mi hija. Me detenía allí para comer algo y ver cómo estaba mi familia. Cuando cambié de tren en la 149th Street, percibí el olor a quemado y, cuando nos acercamos al Yankee Stadium, divisé a lo lejos un incendio devastador. Esto despertó de inmediato los dolorosos recuerdos de cuando nuestra familia fue expulsada por los incendios de dos edificios en Simpson Street. Pensé en todas las familias, los niños y los ancianos que se quedarían sin hogar y recé: *Dios mío, que no vuelva a suceder*. A medida que el tren se acercaba, las llamas parecían estar en el vecindario de mi infancia. El incendio duró horas.

El presidente Carter recorre el área afectada por los incendios del Bronx

En 2019, se estrenó un documental de PBS titulado *La década de fuego* (de 1968 a 1978), dirigido por Vivian Vásquez Irizarry y Gretchen Hildebran. El documental narra cómo propietarios racistas sin escrúpulos incendiaron cientos de edificios en South Bronx, lo que provocó que 250 000 personas perdieran sus hogares. Este anuncio y las imágenes de edificios en llamas se transmitieron por televisión en todo el país y en el extranjero. Las directoras crearon una película única en la que se narra una parte muy importante de la historia para miles de personas que vivían en South Bronx durante ese período. Documentaron el horror, la avaricia y el racismo que se ejercía contra los puertorriqueños.[17]

Cuando vi el documental por primera vez, reviví aquellos momentos de miedo y terror absoluto que sufrí cuando era niña y vivía en Simpson Street a finales de la década de 1960 y principios de la de 1970. Por fin se contaba esta parte de mi historia y la experiencia colectiva de miles de personas más. La exposición del incendio intencional que se transmitía por la televisión nacional continuó incluso después de que decidiera inscribirme

17 Nelson A. Denis, *War Against All Puerto Ricans* (New York: Nation Books, 2015).

en un puesto de profesora asistente y regresara a South Bronx para comenzar mi carrera docente. En 1977, en medio de los escombros y la desesperación, me preparé para enfrentar mis peores temores y empecé a enseñar en barrios que parecían zonas de guerra. De hecho, el sindicato de maestros solicitó un pago por combate; una bonificación no sujeta a impuestos federales, que se concedió a los miembros de las fuerzas armadas estadounidenses durante la Segunda Guerra Mundial por prestar servicios en áreas peligrosas.

Foto de Joe Conzo Jr.

Foto de Paula Leon, 1980

Mi infancia en South Bronx estuvo impregnada por los aromas de la comida puertorriqueña que me recordaban a mi hogar con *Mami* y *Papi*. Regresé a los vecindarios entre Westchester Avenue y 156th Street, donde podía encontrar fácilmente *café Bustelo, pan sobao con mantequilla y pastelitos de guayaba*. Este era el municipio de la salsa, la cuna del hip hop, la tierra donde solo sobrevivían los fuertes, el hogar de los Yankees, también conocidos como los *Bronx Bombers* y el lugar donde mis padres se conocieron y formaron una familia en 1954.

> El café español, el pan de soda con mantequilla y los pasteles de guayaba son alimentos tradicionales en los hogares puertorriqueños que se sirven para el desayuno o la merienda.

Comencé mi trayectoria como ayudante de educación de primer año, a la edad de veintiuno, en un entorno marcado por la violencia doméstica, la epidemia de heroína, las consecuencias de la pobreza y los peligros que acechaban en cada esquina.

PRIMEROS AÑOS COMO DOCENTE (DE 1977 A 1984)

Después de obtener la licenciatura de la CCNY y trabajar durante dos años como asistente de educación bilingüe en la escuela Intermediate School (IS) 184, ubicada en 778 Forest Avenue, comencé como docente en la escuela pública n.º 25, entre East 149th Street y Tinton Street. Cuando me gradué de la CCNY en mayo de 1980, estaba muy emocionada ante la posibilidad de trabajar en otra escuela del South Bronx. Más tarde supe que esta última institución tenía una reputación muy positiva por ser la primera escuela bilingüe y bicultural de la ciudad de Nueva York y del Corredor Noreste de los Estados Unidos.

Hernan La Fontaine, el director fundador de esta innovadora iniciativa, había dejado el cargo para convertirse en superintendente de las Escuelas Públicas de Hartford, en Connecticut. La escuela recibió numerosos reconocimientos nacionales por su excelente labor en la educación bilingüe y en la formación de hablantes nativos de español. Hoy en día, a estos jóvenes se los conoce como estudiantes de inglés como segunda lengua (ELL). La escuela recibió subvenciones federales para apoyar la enseñanza bilingüe y servir como programa modelo para otros distritos y administradores. Durante mis prácticas, Luis Cartagena, el director de la escuela pública n.º 25, recibió un reconocimiento como uno de los pioneros de la educación bilingüe. Se desempeñó como director durante más de veinticinco años.

CAPÍTULO 5

SIGUIENTE DESTINO: LA ESCUELA DE POSGRADO

> "Bendecida con un cerebro bilingüe"
>
> **—MARY ASHWORTH**

Me gradué de la universidad en 1980 con una licenciatura en educación primaria y una especialización en educación bilingüe. Cursé todas las asignaturas básicas de educación, las asignaturas de métodos y materiales, la enseñanza de lectura y matemáticas, y una orientación en educación de niños bilingües. Esto significaba que estaba preparada para trabajar con estudiantes bilingües y biculturales.

Para mi gran decepción, pese a que sabía que el BPS y los cursos de educación que había tomado en la CCNY me habían preparado lo suficiente, el puesto que me asignaron en otoño de 1980 no fue el de maestra bilingüe. Sin embargo, la oficina de personal de la Junta de Educación de la ciudad de Nueva York me asignó un puesto en el área de educación para estudiantes con discapacidades en la que había una gran escasez de maestros. Me asignaron para trabajar como maestra de educación especial en un programa municipal, con la responsabilidad de enseñarles a quince adolescentes, catorce varones y una mujer, de entre doce y quince años, con "trastornos emocionales". Me informaron de que era el único puesto disponible y que no recibiría ninguna formación ni preparación para impartir clases a este grupo específico de estudiantes. En aquel entonces, la Junta de Educación me ordenó obtener una licencia temporal para "docente de estudiantes con trastornos emocionales". Todos los programas de educación especial y los bilingües parecían estar ubicados en el último piso del edificio escolar. Mi salón de clases estaba en el cuarto piso.

Durante mis primeros días de clase, algunos de los estudiantes exhibieron comportamientos de moderados a extremos, lo cual coincidía con las bajas expectativas que tenía el sistema escolar público de la ciudad de Nueva York para los niños negros y latinos. Pronto resultó evidente que la mayoría simplemente se sentía perdida, deprimida, desmotivada y cargaba con las consecuencias de años de abandono educativo y de maestros que no se habían preocupado por ellos.

Mi primera clase de estudiantes en la escuela pública n.º 25

No estaba preparada para enseñar a este grupo de estudiantes tan necesitados y se esperaba que lo hiciera sin recursos y sin la formación adecuada. Fue aquí donde aprendí por primera vez, desde adentro, cómo el

Mi segunda clase de estudiantes en la IS 139

sistema escolar de Nueva York está diseñado para que fracasen los estudiantes pobres de color y cómo crea las condiciones para el trato desigual de los estudiantes con necesidades especiales. Observé a estudiantes, en su mayoría negros y latinos, ubicados en aulas muy pequeñas y segregadas, y noté que los administradores de la escuela carecían de objetivos o metas y tenían expectativas muy bajas en cuanto al progreso académico o la mejora del comportamiento. La negligencia era evidente y estaba claro que a los maestros de entonces solo se les pagaba por presentarse y lidiar con comportamientos complejos y estudiantes enfadados y desmotivados. Todos mis esfucrzos por enseñar se frustraban ante la indiferencia de la administración, ya no se esperaba que los estudiantes alcanzaran ningún éxito académico. La seriedad de los problemas emocionales y de conducta que presentaban estos estudiantes requería un plan integral, mayores recursos, mejores materiales didácticos y una formación más completa de los nuevos maestros que la que ofrecía el entorno educativo. No había libros de texto, solo un pizarrón negro muy antiguo y tizas. Era 1980, casi una década antes de que los estudiantes tuvieran acceso a la tecnología informática. Solo había libros de lectura básicos y libros de texto de matemáticas e inglés antiguos y gastados que no se habían utilizado en años, y los estudiantes apenas podían leer.

Decidí enfocarme en informar a los padres y expresé mis preocupaciones a los supervisores de este programa de educación especial con respecto a todo, desde la falta de recursos hasta la ausencia de capacitación y preparación que tenía como maestra novata. Fue entonces cuando tomé conciencia del racismo sistémico y comencé a defender los derechos de los padres y los estudiantes para que recibieran una educación de calidad. La mayoría de los padres estaban muy agradecidos por mis esfuerzos con sus hijos y me comentaban que nunca habían tenido un maestro que se preocupara tanto por ellos. Muchos de los padres eran de origen puertorriqueño y se expresaban principalmente en español. Me pedían reunirse conmigo porque no sabían hablar inglés y necesitaban ayuda con una gran variedad de servicios, desde la vivienda hasta las solicitudes de cupones de alimentos, y parecían no tener a quién recurrir o simplemente se sentían cómodos porque yo hablaba su idioma.

Al poco tiempo me di cuenta de que los padres atravesaban dificultades y necesitaban más apoyo del que yo podía brindarles. Les recomendé que acudieran a la United Bronx Parents (UBP), una organización comunitaria sin fines de lucro fundada por la líder comunitaria y activista Dra. Evelina Antonetti. La UBP estaba ubicada en Prospect Avenue y 156th Street, a poca distancia de la escuela pública n.º 25. Era el único recurso que conocía donde podían encontrar apoyo y asistencia. Permanecí en ese cargo docente durante un año.

Cada verano, la Junta de Educación de la Ciudad de Nueva York, ubicada en 65 Court Street, en Brooklyn, organizaba una feria de empleo anual a la que acudían maestros que buscaban trabajo en su distrito de residencia. Me asignaron otro puesto en el Distrito 7, en pleno centro del barrio más pobre de South Bronx. De hecho, hasta el día de hoy, la zona sigue siendo considerada el distrito electoral más pobre de Estados Unidos, con un nivel de pobreza superior al del estado de Misisipi. Me asignaron a la escuela IS 139, situada en 345 Brook Avenue. La IS 139 se encontraba en el sector más peligroso del Bronx, conocido por sus altos índices de criminalidad, consumo de drogas, violencia doméstica y mortalidad infantil.

Ignoré esta realidad, ya que mi deseo y motivación por enseñar eran mayores que mi temor a las circunstancias y las condiciones socioeconómicas que existían. En esta escuela, tuve la oportunidad de trabajar como maestra bilingüe en una clase para estudiantes que aprendían inglés como segunda lengua y que eran considerados estudiantes de educación especial. Para poder desempeñar esta labor, se me concedió una licencia temporal que me permitía impartir lo que en aquel momento se denominaba clases de Servicios Educativos Modificados Bilingües II (MIS). Más adelante debería realizar un examen para obtener la licencia de profesor titular. Era una nueva y emocionante aventura que ansiaba comenzar. La escuela tenía estudiantes de 7.º a 9.º grado y se centraba en las artes y la música, además de contar con un programa financiado por el gobierno federal llamado South Bronx Action Theatre.

Mi tercera clase de estudiantes en la IS 52

Me encantaba la energía del barrio, ya que me recordaba a mi hogar y a mis padres. Estaba a poca distancia de la 138th Street, un bullicioso distrito de comercios locales con bodegas y pequeños restaurantes pertenecientes a puertorriqueños, donde podía sentarme en la barra y comprar mi almuerzo, que solía consistir en *frituras* o un sándwich cubano, *café latino con la leche hervida* y *pastelitos de guayaba* de postre. A unas cuantas cuadras al oeste se encontraba el famoso Teatro Puerto Rico, un teatro emblemático que mis padres solían mencionar por las grandes presentaciones con actores y cantantes puertorriqueños que ofrecía antes de que yo naciera. Se sentían orgullosos de los famosos artistas que viajaban desde la isla a la ciudad de Nueva York para actuar en este teatro del Bronx que nos pertenecía.

En esta zona del Bronx, con todos sus problemas socioeconómicos, muchos puertorriqueños trasladados desde la isla pudieron criar a sus hijos y tuvieron la fortuna de vivir en los pocos edificios de renta que sobrevivieron a la década de incendios, o en apartamentos de los complejos de viviendas sociales gestionados por la Autoridad de la Vivienda de la Ciudad de Nueva York (NYCHA). En casos excepcionales, algunos pudieron vivir en las pocas casas históricas de piedra rojiza que bordeaban Alexander Avenue. Era un barrio donde los puertorriqueños conservaban sus costumbres y tradiciones, hablaban su idioma, escuchaban salsa y podían ser ellos mismos sin ser juzgados ni criticados.

Lamentablemente, el barrio también tenía un lado oscuro marcado por la corrupción, los altos índices de criminalidad, la violencia, los traficantes de drogas y el consumo de heroína. Había adictos en cada esquina y en los rellanos de los edificios, desde el quinto piso hasta las azoteas. Por las mañanas y las tardes, se veían agujas hipodérmicas esparcidas por todas partes en el suelo que los niños recorrían de ida y vuelta a la escuela, mientras las sirenas de la policía no paraban de sonar. Los delitos menores y los asaltos eran habituales; los parabrisas rotos y los autos destrozados eran una constante. Mis colegas me advirtieron claramente que si tenías auto y lo utilizabas para ir al trabajo, no debías esperar encontrarlo en las mismas condiciones al final de la jornada escolar. Por suerte, durante los dos primeros años fui al trabajo en transporte público.

Pese a las circunstancias, tomaba el tren n.º 5 o n.º 2 desde el este del Bronx y bajaba en la estación de Prospect y Westchester Avenue. Luego caminaba varias cuadras hasta mi destino, pasando entre los escombros y los peligros que acechaban en cada esquina, para reunirme con los estudiantes de mi clase en el patio de la escuela a las 8:00 a. m., donde formaban para recibir a sus maestros.

Mis estudiantes eran en su mayoría de ascendencia puertorriqueña y de primera generación, como yo. Todos tenían fenotipos y rasgos físicos muy parecidos a los míos y a los de mis hermanos. Dominaban el español y se referían a mí como *mee-see*, una versión en español de *Mrs.* o *miss* (señora o señorita). Tenía quince estudiantes que vivían en la pobreza, contaban con recursos limitados, necesitaban supervisión y deseaban aprender. Algunos tenían padres que luchaban por mantener unidas a sus familias, eran drogadictos o simplemente estaban desempleados y no podían pagar el alquiler o llevar comida en la mesa. Me encariñé con mis estudiantes al instante y me volví muy protectora de ellos. Después de unas semanas de haberme puesto a prueba y comportarse de todas las formas posibles, su asistencia y comportamiento mejoraron, y empezaron a mostrarse más afectuosos conmigo y a tener ganas de venir a la escuela. Una vez que superamos este punto crucial, logré captar su atención y pude empezar a trabajar en la organización del aula y prepararlos para el aprendizaje.

Tenía la responsabilidad de impartir clases de apoyo en lectura, inglés, matemáticas, ciencias y estudios sociales. En el aula solo había un pizarrón negro y tizas. Pasaba las tardes y los fines de semana preparando las clases, revisaba los libros de texto, buscaba materiales bilingües y organizaba proyectos que les ayudaran a aprender. En esta clase, había estudiantes de todos los niveles, así que tenía que ser muy organizada y creativa. Desde los que no sabían leer porque tenían dislexia hasta los que apenas alcanzaban un nivel de segundo o tercer grado en inglés o español. Estaban en séptimo grado.

Mi clase fue muy elogiada por su excelente comportamiento. No sabría decir entonces cuál era el ingrediente secreto, pero me acordé de la cita del presidente Theodore Roosevelt: "*A nadie le importa lo que sabes, hasta que saben cuánto te importa*". Les demostré a mis estudiantes cuánto me importaban al preparar de manera constante clases bien planificadas que mantuvieran su interés, participación y concentración. Siempre estuve presente e incorporé la cultura y las artes en el día a día de aquellos niños que eran creativos, pero no sabían leer. Para los que tenían un nivel de lectura entre segundo y cuarto grado, buscaba libros acordes y preparaba lecciones bilingües que respondieran a las necesidades de las diferentes capacidades de aprendizaje.

En 1981, aceptaron mi solicitud para cursar un posgrado con el fin de completar mi primera maestría en educación especial bilingüe en la escuela de posgrado Bank Street Graduate School of Education. Me dediqué a estudiar diversas teorías que incluían la identificación de modalidades y estilos de aprendizaje a través de las obras de Piaget y Vygotsky. Estas teorías fundamentales se convirtieron en las predecesoras del enfoque que adopté sobre la inteligencia y el aprendizaje de los estudiantes. En 1983, la teoría de las inteligencias múltiples despertó un nuevo marco conceptual sobre cómo se percibía la inteligencia y cómo se transformarían las metodologías de enseñanza. El concepto de que existe un único enfoque válido para la enseñanza y el aprendizaje resultó cuestionado cuando el psicólogo Howard Gardner publicó *Frames of Mind: Theory of Multiple Intelligences* (1983).[18] En este libro, propuso un marco conceptual apasionante y revolucionario que en un principio incluía siete tipos de inteligencia. Sostenía que todas las

18 Howard Gardner, *Frames of Mind: The Theory of Multiple Intelligences* (New York: Basic Books, 1983).

personas, incluidos los niños, poseen varios tipos de inteligencia que influyen en cómo se debe diseñar la enseñanza y el aprendizaje.

Según el Dr. Gardner, el objetivo es aprovechar el potencial de uno o varios de estos siete tipos de inteligencia. En su publicación de 1999, *Intelligence Reframed: Multiple Intelligences for the 21st Century*,[19] agregó dos tipos adicionales de inteligencia, hasta un total de nueve, que incluyen la verbal-lingüística, la lógico-matemática, la musical, la corporal-cinestésica, la visual-espacial, la naturalista, la intrapersonal, la interpersonal y la existencial. Este enfoque generó una gran controversia y un interesante debate en la comunidad educativa de todo el país, además de una revolución en torno a la enseñanza y el aprendizaje. Para los maestros, la complejidad inherente de este enfoque radicaba en la preparación e implementación del plan de estudios y las lecciones, así como en las estrategias didácticas que permitieran aprovechar el potencial de cada tipo de inteligencia. De acuerdo con el Dr. Gardner, no se trata de si alguien es inteligente, sino del tipo de inteligencia que posee. Concluye que cada persona tiene un perfil único en cuanto a la forma en que se combinan sus inteligencias. La clave está en encontrar la inteligencia dominante que facilite la enseñanza y mejore los resultados académicos de los niños de color, en particular aquellos con necesidades especiales. Dos décadas después de la publicación de *La inteligencia reformulada*, los distritos escolares de todo el país desarrollaron técnicas y estrategias para aplicar esta teoría de manera práctica. Este enfoque sensato, que consiste en adaptar la enseñanza al nivel de capacidad y habilidad de cada estudiante, es el que utilicé en mi primera clase en la década de 1980, es decir, acepté a estudiantes con diferentes niveles de conocimientos y habilidades, y atendí sus necesidades de aprendizaje individuales mediante la preparación de lecciones según su inteligencia. La aplicación de esta

19 Howard Gardner, *Intelligence Reframed: Multiple Intelligences for the 21st Century* (New York: Basic Books, 1999).

metodología ganó mayor popularidad y se hizo conocida como enseñanza diferenciada y escalonada.[20]

Además, el trabajo del psicólogo ruso Lev Vygotsky (1862–1934) y su teoría del aprendizaje *Socio-Cultural Theory of Learning* (1978)[21] tuvo repercusiones en la enseñanza y la educación. En 1962, desarrolló la teoría de la Zona de Desarrollo Próximo (ZPD)[22] en respuesta al uso que hacía el sistema ruso de las pruebas psicométricas en los niños. El elemento clave de esta teoría es la diferencia entre los niveles de desarrollo real y potencial. Esta teoría estableció las bases y los fundamentos de un nuevo método y enfoque de enseñanza y aprendizaje que en la comunidad educativa se conoce como enseñanza diferenciada. Este método de planificación e impartición de clases, destinado a obtener mejores resultados académicos, hoy en día constituye un componente fundamental de la enseñanza eficaz y de la planificación de clases en cualquier distrito escolar que aspire a la excelencia en el rendimiento de sus estudiantes. Se trata de un método que se aplica de forma sistemática en nuestra escuela chárter desde hace dieciocho años. De hecho, es una práctica innegociable y un recurso fundamental en los materiales didácticos del cuerpo docente.

Más adelante supe que la administración de la escuela IS 139 comentaba que yo me identificaba demasiado con mis estudiantes, y eso no era visto con buenos ojos. Muchos de los maestros blancos de esta escuela describían la conexión y la relación que tenía con mis estudiantes como algo poco común. Aparentemente, la demostración de respeto mutuo les resultaba incómoda. Les sorprendía la excelente organización de mi clase y que los estudiantes se manejaran de forma tan ordenada, tanto al ir y venir del almuerzo como al

20 Pearl Subban, "Differentiated Instruction: A Research Basis," *International Education Journal* 7, n.º 7 (2006): 935–947.

21 Lev Vygotsky, *Mind in Society: The Development of Higher Psychological Processes, ed. Michael Cole, Vera John-Steiner, Sylvia Scribner y Ellen Souberman* (Cambridge, MA: Harvard University Press, 1978).

22 Ibid.

llegar por la mañana y salir por la tarde. No paraban de realizar comentarios como "nos estás haciendo quedar mal a todos (los maestros)".

Luego entendí que, en realidad, les preocupaba que hubiera un cambio cultural y que se hiciera evidente que los estudiantes eran discriminados y, en ocasiones, hasta maltratados. Para ellos, el trato de los estudiantes con compasión y respeto era una exigencia demasiado grande, y no estaban preparados ni dispuestos a cambiar su mentalidad racista para hacerlo. Al ser una maestra nueva, joven e idealista, era evidente que no me ajustaba a esta cultura de bajas expectativas que tanto la administración como el sistema escolar en general tenían hacia los niños negros y latinos. Sabía que solo era cuestión de tiempo para que me trataran con el mismo nivel de indiferencia y falta de respeto. Sin siquiera intentarlo, me convertí en una persona disruptiva que desafiaba la normalidad de la complacencia respecto al fracaso estudiantil, la negligencia educativa y los estereotipos que las personas con poder e influencia toleraban en las escuelas en aquella época. Esta revuelta se logró simplemente enseñándoles a los estudiantes a leer, escribir y aprender matemáticas básicas. Incorporé lecciones de historia sobre las vidas de los líderes de los derechos civiles, como el Dr. Martin Luther King, Malcolm X y Harriet Tubman, durante el Mes de la Historia Negra, y dicté clases sobre la historia de Puerto Rico para que aprendieran sobre su cultura y su patrimonio. Esto se consideraba subversivo, ya que la historia de Puerto Rico no se encontraba en el calendario escolar.

Enseñar a mis estudiantes se convirtió en un acto radical y, en efecto, tenían razón, yo me sentía más identificada con las experiencias de mis estudiantes negros y latinos, y de sus familias. Yo era más como ellos y ellos eran como yo. Estos jóvenes por fin tenían a alguien que se preocupaba por ellos lo suficiente como para brindarle ánimo y esperanza para el futuro. Me acusaron de comportarme como si fuera mejor que los maestros blancos. Por supuesto, en aquella época, el concepto de competencia cultural y educación socialmente responsable no se consideraba esencial a la hora de entrevistar y contratar a los maestros en la mayoría de las escuelas públicas de la ciudad de Nueva York. De hecho, cuarenta años después, sigue sin ser un criterio en la mayoría de los entornos escolares actuales. ¿No era ese el objetivo de contratar a maestros bilingües con conocimientos del idioma, la cultura de los estudiantes y las condiciones sociales de los barrios en los que vivían, así como las circunstancias a las que se enfrentaban cada mañana? ¿Acaso no era beneficioso para los estudiantes tener un maestro puertorriqueño que supiera lo que era pasar hambre y, a veces, acostarse sin comer, mientras vivía en condiciones de pobreza y temor?

Estos primeros recuerdos profesionales y mi experiencia personal como estudiante en el sistema de escuelas públicas de la ciudad de Nueva York diez años antes formaron a la líder educativa en la que me convertí. Además, me ayudaron a desarrollar mi filosofía educativa, mis valores fundamentales y la búsqueda de la excelencia en beneficio de los estudiantes inmigrantes y de primera generación. Estas experiencias colectivas me ayudaron a desarrollar la visión que tenía sobre la enseñanza y el aprendizaje cuando decidí fundar una escuela chárter en el Bronx.

CAPÍTULO 6

MANTENER LOS PRINCIPIOS EN UN ENTORNO HOSTIL Y RACISTA

> "Nunca dejaremos de luchar en el Bronx, aunque hayan destruido todo lo que nos rodea".
> **—DRA. EVELINA LOPEZ ANTONETTY**

A principios del invierno de 1982, viví mi primera gran tormenta de nieve como maestra a tiempo completo. El 13 de enero de 1982, cayeron casi 2 metros de nieve sobre el Bronx. En aquella época no había teléfonos celulares ni servicios de Internet para preguntar si la escuela estaba abierta para ir a trabajar. Como nadie respondía las llamadas telefónicas en la oficina principal, tomé la iniciativa porque pensé que mis estudiantes me necesitarían. En la IS 139 había alrededor de sesenta maestros contratados, la mayoría de los cuales vivían fuera de la ciudad, en el norte del estado de Nueva York o en Nueva Jersey. Solo unos doce miembros del personal, incluida yo, nos presentamos a trabajar. A pesar de que un metro y medio de nieve no se consideraba una gran tormenta, las escuelas permanecieron abiertas y las familias trabajadoras del Bronx tuvieron que asistir a sus lugares de trabajo.

Sin embargo, casi el 90 % de los maestros no se presentaron a trabajar. De hecho, tampoco lo hicieron el director ni el subdirector. Sin duda, no se podía comparar con la tormenta de nieve de la semana del Día de los Presidentes, el 19 de febrero de 1978, cuando cayeron más de tres metros y medio de nieve sobre la ciudad y se cerraron los negocios y las escuelas públicas durante una semana. A pesar de todo, recuerdo esa ocasión con cariño, ya que en ese momento trabajaba como asistente educativa y todos mis amigos maestros tuvieron una semana libre, por lo que pudimos reunirnos en nuestras casas, jugar, comer y disfrutar de unas vacaciones remuneradas. Los automóviles y autobuses quedaron sepultados, las calles estaban intransitables y era difícil caminar. Además, fue un período de heladas que afectó a todo el país y a Nueva York. La nieve pronto se convirtió en un lodo grisáceo y en las aceras se acumulaban montañas de nieve sucia.

Sin embargo, ese día, los estudiantes solo caminaron hasta las escuelas de su barrio. Era la mejor opción, ya que muchos de los niños del South Bronx no tenían calefacción ni agua caliente en casa, ni nada para comer. Las escuelas eran un refugio para esos niños que vivían en la pobreza. Por tal motivo, los padres enviaban a sus hijos a la escuela, ya que allí la mayoría del tiempo había calefacción y se ofrecían programas de desayuno y almuerzo gratis.

Me asignaron lo que parecía ser una sala de música con asientos tipo auditorio. Allí se encontraban alrededor de cincuenta estudiantes. La escuela carecía de personal suficiente y no contaba con la capacidad ni los adultos necesarios para el dictado de clases. Cuando entré, había cuatro adultos en la sala, uno de los cuales, según supe después, era el representante de la Federación Unida de Maestros (UFT). Se produjeron conflictos entre los pocos estudiantes que estaban y los maestros que los supervisaban. Era evidente que tenían demasiadas dificultades para controlar al grupo. Poco después de que yo entrara, un maestro blanco acorraló a una adolescente afroamericana y empezó a gritarle e insultarla mientras la señalaba el rostro con el dedo. Otro hombre, que después supe que se trataba de un amigo íntimo del maestro, se le sumó y ambos se ensañaron con la adolescente negra, descargaron todo su odio y rabia sobre ella. Me enfureció lo que vi y sentí la necesidad de proteger a la joven de esos intolerantes.

Ese fue el momento en el que los mismos maestros blancos que parecían incómodos con mis opiniones idealistas y me acusaban de identificarme demasiado con mis estudiantes, finalmente actuaron y me mostraron quiénes eran, quién tenía el control de la escuela, qué pensaban de mí y de mis ideales puertorriqueños. El objetivo era ponerme en mi lugar. Yo solo buscaba ser parte de la solución y ayudar. Así que les pedí que dejaran de retener a la estudiante y me dejaran hablar con ella para intentar calmar la situación y, francamente, protegerla. Los dos me miraron y me gritaron: "No te metas en lo que no te importa". A lo que respondí: "Por supuesto que me importa. Por eso vine a trabajar después de la tormenta de nieve y no me quedé en casa como los demás maestros". Uno de los dos maestros que me atacó era el líder del sindicato, cuyo trabajo era proteger los derechos de sus colegas y de todos los maestros. En cambio, me trató con el mismo odio con el que trató a la estudiante afroamericana a la que reprendió. Me gritó mientras me señalaba: "¡Cállate, nosotros ya llevábamos años enseñando, cuando tú apenas aprendías a escribir metiendo los dedos en tu propia mierda!". Me quedé paralizada y conmocionada por la furia.

Era evidente que su intención era ponerme en mi lugar y humillarme. Luego, me tomó del brazo y prácticamente me arrastró hasta la oficina del director. Fue la primera vez que me atacaba un maestro blanco, loco y racista de una manera tan abierta. Me insultó y me trató como si fuera una niña desobediente, de la misma manera que había tratado a la estudiante afroamericana. Lo primero que pensé fue que, si así era como me trataba a mí, a los niños negros y latinos debía tratarlos mucho peor. Era evidente que llevaba años con este accionar y que tenía total libertad para hacerlo, sin que nadie lo reprendiera, interfiriera o lo hiciera responsable. Luego, presentó una queja falsa sobre mi conducta y sobre cómo había interferido en la supervisión del comportamiento salvaje y rebelde de un grupo de estudiantes en el auditorio. Al parecer, la oficina del superintendente del Distrito 7 había enviado a un "administrador sustituto" y a un representante del distrito para supervisar la escuela. Lamentablemente, no vieron ni oyeron lo que acababa de suceder ni la forma en la que el maestro abusó de la estudiante antes de insultarme de manera verbal cuando intervine para proteger sus intereses.

Al día siguiente, cuando se presentó el director de la escuela, me llamaron a su oficina para una investigación. El representante sindical me acusó de insubordinación y presentó una queja contra mí. El director estaba más que dispuesto a respaldar las falsas acusaciones de esta persona. Parecía haber un acuerdo político que lo favorecía y protegía su puesto. Había gran cantidad de rumores sobre conductas inapropiadas con los estudiantes, en particular por parte de dos maestros que abusaban del poder que les otorgaba el sindicato. Ellos controlaban al cuerpo docente y al director. Más tarde se supo que era alcohólico, que solía beber en el trabajo y que utilizaba su relación con el sindicato para proteger su puesto. Cualquier posible exposición de acciones destinadas a mantener un ambiente racista y hostil con condiciones laborales inseguras, que violaban los derechos de una maestra puertorriqueña demasiado franca, era una amenaza para ellos. No tenía a nadie a quien acudir en la escuela, ya que la persona que debería haberme apoyado y defendido era el hombre que me atacó y me insultó con epítetos racistas degradantes. Esta fue mi primera experiencia con conflictos en el lugar de trabajo y la primera impresión que tuve de un representante de la UFT, cuya conducta era tolerada por un director alcohólico y disfuncional. Lo protegían para que guardara silencio sobre otros abusos de los que me enteré más tarde, perpetrados por los mismos maestros que formaron parte del conflicto aquel frío día de enero de 1982.

Empecé a canalizar mi rabia por las injusticias mediante la búsqueda de organizaciones y personas que sintieran la misma indignación y el mismo deseo de cambio. Mi franqueza y mi disposición a cuestionar la autoridad y a hablarle con la verdad al poder durante la siguiente década me llevaron a ser catalogada como profesora rebelde, alborotadora, puertorriqueña enojada y, finalmente, alguien a quien había que tomar en serio. La negligencia y la falta de equidad aumentaron mi pasión y mi determinación de hacer más para lograr un cambio.

Una tarde, el mismo director de la IS 139 me citó en su oficina para informarme que recibiría una calificación insatisfactoria por insubordinación y que podría ser despedida si no cooperaba con su plan. Quería que admitiera mi mal comportamiento el día de la tormenta de nieve y que me disculpara con los mismos maestros que me habían atacado. Mantuve mi postura y afirmé que no había hecho nada malo, que fueron ellos los que actuaron de forma poco profesional y me maltrataron. Era evidente que él estaba actuando como un matón. ¿Por qué no les hablaba así a ellos? ¿Por qué no les pedía a ellos que rindieran cuentas? Con total indignación, le dije: *"Ellos deberían ser los acusados"*. Salí de su oficina y me dirigí con determinación hacia una cabina telefónica pública que había en el vestíbulo. Él siguió gritando mi nombre y ordenando que no me fuera. Lo ignoré y seguí caminando hacia la cabina telefónica, cerré la puerta y supe exactamente qué hacer. Tenía el número de la UBP y procedí a llamar a "*Tití,*" la madre del South

LA NEGLIGENCIA Y LA FALTA DE EQUIDAD AUMENTARON MI PASIÓN Y MI DETERMINACIÓN DE HACER MÁS PARA LOGRAR UN CAMBIO.

Bronx, la Dra. Evelina Lopez Antonetty, a quien tuve el privilegio de conocer a principios de ese año escolar.

CAPÍTULO 7

DRA. EVELINA LOPEZ ANTONETTY: LA MADRE DEL SOUTH BRONX

> "Todos tenemos doctorados (PhD): pobreza, hambre y determinación".
>
> **—DRA. EVELINA LOPEZ ANTONETTY**

La Dra. Evelina Lopez Antonetty nació en 1922 en Salinas, Puerto Rico En 1933, a los once años, emigró a los Estados Unidos y se volvió una de las líderes comunitarias más respetadas y veneradas, y en una destacada activista por los derechos civiles de la ciudad de Nueva York, además de ser madre, organizadora comunitaria y educadora. También se convirtió en la "madre del South Bronx". Se la conocía cariñosamente como "*Tití*" (tía). Fue una de mis primeras mentoras. Al trabajar con ella aprendí a luchar contra los sistemas de opresión, a educar y organizar a los padres para luchar contra un sistema escolar con prejuicios raciales, y a exigir una educación de calidad para los niños de nuestra comunidad.

Fue la fundadora y directora ejecutiva de la United Bronx Parents (UBP), creada en 1967, trece años antes de que la conociera en 1981, cuando me iniciaba como maestra. El edificio desde el que operaba la UBP, ubicado en Prospect Avenue y la 156th Street, fue adquirido tras meses de sentadas y protestas lideradas por la Dra. Antonetty, quien exigió que le cedieran esa propiedad abandonada, perteneciente a la ciudad, a la organización que ella había fundado para proporcionar servicios sociales, educación para adultos, programas de desayuno y almuerzo gratis y educación para padres de la comunidad.

Evelina tenía unos cincuenta y ocho años cuando un activista de la comunidad me la presentó. Era solo dos años mayor que mi mamá. Recuerdo su hermosa sonrisa, los ojos llenos de bondad y su presencia imponente y carismática. Evelina, como prefería que la llamaran, se desempeñaba con gran confianza y gracia, y era dueña de una elegancia y un estilo auténticos que llamaron mi atención. Cuando habló conmigo, supe que compartía la habitación con una persona de la que podía aprender, que se preocupaba y entendía la frustración, la ira por las injusticias de nuestro sistema escolar y el abandono educativo al que se enfrentaban nuestros hijos, que repercutiría en el resto de sus vidas. Evelina era consciente de que nuestra gente sufría, de modo que alentó a todas las personas dispuestas y comprometidas a que se le unieran para organizar la comunidad y luchar por encontrar soluciones frente las desigualdades raciales y económicas que existían.

La Dra. Evelina Lopez Antonetty
Por Francisco Reyes, 1981, cortesía de los documentos de Elba Cabrera; archivos de la diáspora puertorriqueña, Centro de Estudios Puertorriqueños, Hunter College, CUNY. - Por Francisco Reyes, 1981, cortesía de los documentos de Elba Cabrera; archivos de la diáspora puertorriqueña, Centro de Estudios Puertorriqueños, Hunter College, CUNY. CC BY-SA 4.0, https://commons.wikimedia.org/w/index.php?curid=52080161

Después de que nos presentaran, me invitó a sentarme en una silla frente a su escritorio. Le conté un poco sobre mí, que me había criado en el South Bronx y que acababa de graduarme de la universidad, y ella me preguntó si tenía hambre. Por aquel entonces, vivía a pura adrenalina y se me olvidaba comer o no podía permitirme comprar más que un almuerzo de 2 dólares. Acepté la comida y una taza de café. Me sentí como en casa. Le conté que era una maestra nueva en la IS 139 y que quería mejorar la vida de los niños de la comunidad, pero que me estaba costando mucho trabajo lograrlo. Le dije que parecía que al director de mi escuela no le interesaba una maestra que abogara por sus estudiantes.

Evelina fue muy diplomática, pero directa, y me hizo saber que estaba muy pendiente de las escuelas del Distrito 7 y que era consciente del racismo y de los problemas que enfrentábamos. Se mostró muy crítica con los directores y superintendentes que se negaban a aplicar el Decreto de Consentimiento de Aspira[23] y a implementar los programas de educación bilingüe para los cuales los distritos recibían fondos. Era genuina y hablaba con franqueza sobre lo que veía y la raíz de los problemas.

Durante nuestra charla, hubo interrupciones constantes, llamadas de congresistas, funcionarios electos, superintendentes escolares, personas influyentes, residentes y activistas comunitarios. Su mano derecha, una líder comunitaria y activista llamada Rosa Escobar, entraba y salía de la oficina para recordarle que había gente esperando para verla. La sala de espera del vestíbulo estaba llena de padres que buscaban soluciones a los problemas de las escuelas a las que asistían sus hijos, residentes desplazados que esperaban ayuda con las solicitudes de vivienda, ayudas gubernamentales, cupones de alimentos o derivaciones para sus seres queridos que eran adictos a la heroína y necesitaban rehabilitación. Los que buscaban ayuda eran personas pobres

23 En 1974, se firmó el Decreto de Consentimiento Aspira entre la Junta de Educación de la Ciudad de Nueva York y Aspira de Nueva York en el que se estableció la enseñanza bilingüe como un derecho federal con validez legal para los estudiantes puertorriqueños y latinos de la ciudad de Nueva York que no hablaban inglés.

y marginadas con familias desesperadas, que enfrentaban serios problemas de calidad de vida y necesitaban una solución.

Me senté asombrada por la energía y el dinamismo reinantes en su oficina. Me maravilló cómo era capaz de gestionar las llamadas y comunicar, con una urgencia directa, los pasos a seguir para abordar las prioridades del día, mientras que hacía que una visitante novata como yo se sintiera bienvenida. Ese día, sumó con éxito a una nueva guerrera para su equipo. Observé todas las interacciones, los movimientos y el tono de las conversaciones. Contemplaba con gran admiración a la Dra. Lopez Antonetty, quien para mí era semejante a embajadora de múltiples naciones. Pero, a pesar de ello, era estratégica, intrépida y una gran partidaria de la unidad. Trabajaba con todos los funcionarios electos, sin distinción de afiliación política, y tenía alianzas con personas de diferentes creencias religiosas y credos. Evelina lograba unir a personas que por lo general no estarían dispuestas a interactuar entre sí. No se detenía en trivialidades y exigía que todos se unieran para abordar los problemas de la pobreza infantil y la educación de los niños del distrito electoral más pobre del país. Organizaba reuniones en su oficina y cada partido debía dejar de lado sus diferencias políticas, por el bien de todos y en pos de un plan y una visión más amplios. Estas reuniones se celebraban entre políticos, empresarios, líderes de pandillas, educadores, líderes de derechos civiles, sacerdotes, ministros de la iglesia pentecostal y líderes de la comunidad afroamericana. El perfil y las ideas políticas de quienes acudían a Evelina eran muy diversos: liberales blancos y radicales de izquierda; conservadores religiosos y ateos; revolucionarios puertorriqueños, socialistas, nacionalistas y comunistas. Todos ellos solicitaban citas con Evelina para pedirle orientación y apoyo en sus campañas políticas, iniciativas vecinales, programas de justicia racial y social, y cuestiones globales. El estatus colonial de Puerto Rico era un tema importante y un punto clave en la agenda de Evelina, quien estaba influenciada por el Dr. Pedro Albizu Campos y el Movimiento Independentista de la isla, que contaba con miles de puertorriqueños[24] comprometidos en la lucha contra el colonialismo y a favor de la independencia de los Estados Unidos.

Me quedó claro que estaba en compañía de una gran persona. Una mujer poderosa y defensora, una referente para la comunidad a la que servía, protectora de los derechos civiles de los puertorriqueños y dedicada al South Bronx y a su gente hasta el final de los días. Su calidez, su imponente presencia y su compasión hacia los demás me causaron una gran impresión como una joven maestra, líder y activista en desarrollo. Evelina ha sido un modelo de liderazgo inolvidable. Desde hace cuarenta años me esfuerzo por incorporar su ejemplo en mi trabajo y en mis relaciones con la comunidad a la que sirvo.

Mural de la Dra. Evelina Antonetty, South Bronx, 1980
Foto de Joe Conzo Jr., mural de TatsCru

24 Nelson A. Denis, *War Against All Puerto Ricans: Revolution and Terror in America's Colony* (New York: Nation Books, 2015).

La nacionalista puertorriqueña Lolita Lebron (izquierda) y la Dra. Evelina Lopez Antonetty (derecha)
Foto de Joe Conzo Jr.

Al final de la visita, se despidió diciéndome que le avisara si tenía algún problema con alguien de la escuela y que la llamara si necesitaba su ayuda. Cuando terminó nuestra reunión, supe que podía confiar en ella. Por eso la llamé cuando, inevitablemente, se intensificaron los ataques del director. Evelina me enseñó a escribir una carta y solicitar una reunión con la superintendente del Distrito Escolar Comunitario (CSD) 7, Carmen Rodriguez, para expresarle mis preocupaciones, y así lo hice. Como no recibí respuesta de la superintendente del distrito, decidí realizar una sentada en solitario en su oficina durante unas tres horas. Estaba decidida a no moverme del duro banco de madera de la sala de espera hasta que la Sra. Rodriguez me atendiera. Daba por seguro que la superintendente, también puertorriqueña, se mostraría comprensiva y estaría interesada en conocer las prácticas discriminatorias y los abusos que había sufrido bajo la autoridad administrativa del director. Pero, para mi sorpresa, no fue así.

El superintendente adjunto, Harold Levy, salió varias veces a la sala de espera para informarme que la Sra. Rodriguez estaba ocupada y no podía recibirme. Me advirtió que, si no me marchaba, me acusarían de insubordinación. Una acusación así era grave, ya que significaba una calificación insatisfactoria y la posibilidad de que me retiraran la licencia como maestra recién egresada. Estaba indignada y decidida a llevar a cabo mi protesta en solitario; mi primer acto de desobediencia civil. Pero en lugar de dialogar, la subdirectora me amenazó con despedirme o arrestarme, solo por solicitar una reunión para proteger mis derechos.

Sentí que me habían derrotado. Era demasiado lo que estaba en juego; no podía arriesgarme a perder mi trabajo. Mi sustento, todo mi arduo trabajo durante cinco años para obtener el título universitario y la licencia de maestra, mientras trabajaba a tiempo completo y hacía todo lo posible por cumplir con mis responsabilidades como madre soltera a los veinticinco años. Sin mencionar la vergüenza y la decepción que sentirían mis padres. Decidí irme y pensar qué hacer a continuación.

Mi hija Monica y yo en mi salón de clases, 1981

Esta fue mi primera lección sobre cómo aceptar la derrota en el sistema de escuelas públicas de la ciudad de Nueva York, mientras evaluaba los beneficios de perder la batalla para ganar la guerra. Mi idealismo juvenil y mi indignación tendrían que quedar en suspenso, al menos por un tiempo. Esta experiencia avivó mi enojo y reforzó mi determinación de seguir trabajando desde la base, de educar a mis estudiantes y motivar a los padres para que defendieran sus derechos, hicieran preguntas y lucharan hasta que fueran escuchados. En esta ocasión, aprendí a seguir luchando con el apoyo de otras personas, gracias a las habilidades de organización que me enseñaron Evelina y la UBP. Al final del año escolar, me reasignaron a otro distrito escolar, lo que me garantizó no perder mi licencia y poder seguir enseñando. Aunque nunca me lo confirmaron de manera directa, estoy segura de que eso fue gracias a "Tití". Ella estaba en contacto directo con la Sra. Rodriguez, a quien no le agradaba la idea de tener a alguien dispuesto a denunciar lo que se estaba permitiendo en una escuela del distrito que se encontraba bajo su supervisión. Evelina conocía mi situación y quería protegerme para que no me siguieran hostigando ni me despidieran. En otoño de 1983, me trasladaron a la IS 52, en el Distrito 8, en Kelly Street, justo enfrente del People's Park.

Volví a la UBP como voluntaria más de una docena de veces durante un período de tres años, donde aprendí a organizar con eficacia la comunidad, mediante su modelo para capacitar a los padres sobre una serie de cuestiones que debían cambiarse en el sistema escolar. Desde mi asiento en primera fila, fui testigo de cómo Evelina luchaba contra la discriminación desmedida hacia los niños puertorriqueños y contra el desmantelamiento de los programas de educación bilingüe.

Tuve el privilegio de acompañarla, junto con miembros de la UBP y el NCPRR,[25] a una reunión del consejo escolar en la escuela pública n.º 130,

25 Ariel Arnau, "Suing for Spanish: Puerto Ricans, Bilingual Voting, and Legal Activism in the 1970s" (The Graduate Center, City University of New York, 2018).

situada en 750 Prospect Avenue, justo enfrente de la UBP. Max Messer era el superintendente del CSD del Distrito 8. Cuando le tocó a Evelina hablar ante la junta, se comportó de forma irrespetuosa y desdeñosa. Miró todo el tiempo al techo y se negó a mirarla a los ojos o a mostrarle el respeto que se merecía. Ella acusó al Sr. Messer, que en ese momento dirigía este distrito en South Bronx, de ser racista. Su rostro se volvió rojo de furia mientras los padres y la comunidad la ovacionaban. El presidente de la junta escolar golpeó la mesa con su martillo para pedir orden en la sala.

> El National Congress for Puerto Rican Rights (NCPRR) fue creado en 1981 por un grupo diverso de activistas puertorriqueños de diversas organizaciones, como los Young Lords, el Partido Socialista Puertorriqueño (PSP) y la Alianza Puertorriqueña (PRA). Antiguos miembros de los Young Lords como Juan Ramos (de Filadelfia) y Juan Gonzalez, Hilda Mar Ortiz y Richie Perez (de Nueva York) querían crear una gran organización de derechos civiles que pudiera movilizar a las comunidades puertorriqueñas de todo el país en torno a diversos problemas.

Los padres y activistas estaban entusiasmados y dispuestos a seguir luchando. Uno por uno, expresaron su rechazo a las políticas discriminatorias del director. Esa reunión del consejo fue mi primera lección sobre cómo enfrentarse a la autoridad y decirle la verdad al poder. Hubo que esperar hasta 1997 para que el Sr. Messer renunciara a su cargo, presionado por el grupo conocido como Madres en Movimiento (MOM).[26] Durante los veintiún años que Messer ocupó el máximo cargo administrativo del distrito, MOM denunció que se había ignorado a las escuelas de las zonas más pobres, mientras que las de las zonas más acomodadas habían recibido generosas

26 Jason Tanz, "Not your mother's PTA," https://www.edweek.org/education/not-your-mothers-pta/2001/02.

subvenciones, mayor atención y mejores intervenciones educativas, lo que les permitió a los estudiantes obtener mejores resultados en las pruebas.[27] Los miembros de MOM habían protestado contra la desigualdad en cartas y peticiones llenas de rabia dirigidas al consejo escolar y a los funcionarios electos.

27 Maria Alvarez, "Some tough mothers – the wisdom of Wanda Salaman – motivating moms to save our schools," https://nypost.com/2005/05/11/some-tough-mothers-the-wisdom-of-wanda-salaman-motivating-moms-to-save-our-schools/.

CAPÍTULO 8

LOS ESTUDIANTES DE LA IVY LEAGUE Y EL ACTIVISMO SOCIAL

> "La educación es el arma más poderosa que puedes usar para cambiar el mundo".
>
> **—NELSON MANDELA**

En 1984, después de terminar mi primera maestría en Bank Street College, en el Upper West Side de Manhattan, decidí que no era suficiente, de modo que opté por continuar mis estudios de posgrado para obtener un doctorado. Durante siete años, viajé todos los días en la línea 1 de Broadway, primero para ir y regresar de la CCNY, ubicada en 138th Street y, más adelante, para ir a Bank Street College, situada en West 112th Street, donde el tren pasaba por la parada de la 116th Street de la Universidad de Columbia. Tenía mucha curiosidad por conocer ese campus y a menudo me imaginaba caminando con orgullo por esos jardines verdes perfectamente cuidados, con una hermosa arquitectura que contrastaba con el estilo gótico de los edificios de la CCNY, que era el característico de las grandes universidades estadounidenses de la época.[28] Este estilo se veía con frecuencia en las instituciones de enseñanza superior, ya

28 Columbia College Today, https://www.college.columbia.edu/cct_archive/jan02/jan02_cover_architecture.html.

que durante el siglo XIX los arquitectos y benefactores habían respaldado la adopción del clasicismo para sus edificios.

Cuando era estudiante universitaria, no tenía ni idea de cuál era la diferencia sustancial entre una institución de educación superior pública y una privada. Lo único que sabía era que estaba fuera de mi alcance en términos económicos, con matrículas demasiado costosas y poco realistas para una madre soltera. Esto fue antes de que existiera Internet, cuando no podía investigar por mi cuenta qué programas y qué ayuda financiera había a mi disposición. Por increíble que parezca, no había información disponible ni en la oficina de ayuda financiera ni en la de admisiones. Mis asesores y profesores nunca me informaron ni me hablaron de la posibilidad de obtener una beca mientras cursaba mis estudios de licenciatura. Solo supe de la existencia de becas para ayudar a pagar la matrícula cuando estudiaba en Bank Street College. TC de la Universidad de Columbia era la universidad de mis sueños y mi siguiente destino.

El periodista deportivo Caswell[29] creó el término "Ivy League" para referirse a la poderosa liga de fútbol americano del este, formada por ocho universidades: Harvard, Princeton, Yale, Penn, Dartmouth, Cornell, Columbia y Brown. De todas las instituciones de educación superior, estas instituciones educativas de élite son las más destacadas y las más solicitadas en términos de admisión y graduación. Más de un tercio de los presidentes de Estados Unidos asistieron a una universidad de la Ivy League y, en conjunto, acumulan una impresionante proporción de premios Nobel.[30] Pero, siempre atenta a las posibilidades, escuché las conversaciones entre mis compañeros de clase y supe que TC de la Universidad de Columbia solía ser la siguiente gran aspiración de los graduados que se tomaban en serio la obtención de un doctorado en educación, en especial de aquellos que aspiraban a convertirse en profesionales

29 Jessica Spradling, "Origins of the term 'Ivy League' remain mysterious," 2003, https://badgerherald.com/news/2003/03/03/origins-of-the-term/.

30 U.S. News Staff, "Ivy league schools," https://www.usnews.com/education/best-colleges/ivy-league-schools.

expertos en planes de estudio, directores de escuela y superintendentes de distrito.

También descubrí durante mi investigación que menos del 2 % de los profesionales puertorriqueños o latinos se matriculaban y se graduaban. En ese momento existían incentivos federales como el Título VII, mediante el cual los estudiantes que cursaban una especialización en educación bilingüe podían solicitar una beca para estudiar en TC y obtener el 50 % del costo de la matrícula. Desde luego, esto significaba que era necesario solicitar un préstamo federal para estudiantes con el fin de pagar el resto de la matrícula que no cubría la beca. Para ese entonces, me destacaba como estudiante de posgrado en Bank Street College y había desarrollado la confianza suficiente como para creer que no había nada que no pudiera lograr o conquistar. Cuando inicié el proceso de solicitud, la Oficina de Admisiones de TC me informó que podía transferir los cuarenta y cinco créditos de posgrado que tenía con calificaciones superiores a B para su revisión y consideración. En esencia, esto reduciría el requisito de noventa créditos para obtener el doctorado por los cuarenta y cinco créditos de mi maestría. En la primavera de 1984, recibí una carta de la Oficina de Admisiones en la que se me informaba que mi solicitud había sido aceptada y que todos los créditos obtenidos en Bank Street College eran elegibles para su transferencia.

Me sentía muy feliz y no podía creer que solo diez años antes me habían "excluido"[31] de la escuela secundaria en el South Bronx y que ahora ingresaría en una universidad de la Ivy League. Tenía sentido que aspirara a algo más y solicitara el ingreso allí. Mi objetivo era obtener las mejores calificaciones posibles a fin de estar preparada para aprovechar todas las oportunidades que se me presentaran. Mi visión era crear un proyecto para los jóvenes de la comunidad que abordara los problemas de equidad en la educación y le abriera las puertas a la universidad. Durante ese tiempo participé de forma

31 Monica Ruth Rouse, "Pull and Push Factors That Influence a Student's Decision to Drop Out of School," (*Walden Dissertations and Doctoral Studies*, 2019), 7071.

activa en actividades sociales y educativas en defensa de los derechos de los niños puertorriqueños para que recibieran una educación de calidad y se mantuvieran los programas de educación bilingüe. Participé bastante como voluntaria y ayudé a organizar numerosos foros locales para luchar por el acceso de nuestros niños a estos programas.

Tenía veintinueve años cuando cursé mi primer año en TC. Fue todo un cambio, ya que era un mundo muy diferente a mi realidad y a mis condiciones de vida. Mis compañeros de clase eran en su mayoría blancos, nacidos y criados en familias de clase media-alta. La mayoría no tenían que trabajar para ganarse la vida, ni preocuparse por la ayuda financiera o el pago de la matrícula. Muchos de los estudiantes eran liberales en sus ideas políticas y querían hacer el bien y "salvar" a los niños pobres de color de sus condiciones socioeconómicas. Los que padecían el "*síndrome del salvador*" se sentían culpables por ser tan privilegiados mientras que muchos niños vivían atrapados en barrios azotados por la pobreza.

Durante este período de la década de 1980, se desató una guerra contra la pobreza a nivel nacional. El secretario de educación de los Estados Unidos, Terrence Bell, nombrado por el presidente Ronald Reagan, publicó un informe nacional titulado *A Nation at Risk*.[32] La gestión de Reagan creó una comisión para estudiar la crisis en la educación estadounidense. Había una preocupación generalizada por la desaparición del rigor académico tradicional y por el hecho de que otros países superaban a las escuelas estadounidenses. Según la radio pública estadounidense National Public Radio (NPR), en *A Nation at Risk* se brindaban las siguientes estadísticas: "En la mayoría de las pruebas estandarizadas, el promedio de desempeño de los estudiantes de la escuela secundaria es ahora inferior al de hace veintiséis años, cuando se lanzó el Sputnik" y "[El SAT muestra] resultados en descenso casi constante desde 1963 hasta 1980. El promedio de las calificaciones en Lengua bajó más de 50 puntos y el promedio en Matemáticas disminuyó casi 40 puntos".

32 Jennifer Park, "A nation at risk," 2004, https://www.edweek.org/policy-politics/a-nation-at-risk/2004/09.

Esto situó a la educación en el centro de la política nacional y abrió paso a la Ley Que Ningún Niño Se Quede Atrás. Algunos de mis compañeros parecían sentirse incómodos cuando yo intervenía en clase para cuestionar o debatir las ideas que se presentaban, las filosofías que sustentaban el concepto y las conclusiones que se exponían ante una clase repleta de estudiantes de posgrado muy entusiasmados y expectantes. Había cierta tensión en la confluencia de ideas y discursos, que contrastaba con mi experiencia práctica y mis ideales sobre la enseñanza a niños negros y latinos.

En la mayoría de mis cursos de posgrado, yo era la única mujer de color en la sala con "*credibilidad callejera*" y un profundo conocimiento de los barrios donde vivían los estudiantes con los que ellos trabajaban. Se trataron numerosos temas relacionados con la educación, el progreso y el desempeño académico de los estudiantes negros y latinos. Yo confiaba en que mi experiencia personal me permitía comprenderlos a la perfección. Recordaba vívidamente mis dificultades como niña puertorriqueña en el sistema de escuelas públicas de Nueva York. Mis profesores de TC hablaban de estudiantes que coincidían con mi perfil de estudiante de primaria y secundaria, y con experiencias similares a los estudiantes a los que había enseñado. Escuché con atención y fui muy crítica con muchos de los preceptos que se presentaban en torno a los niños que se habían criado en circunstancias similares.

Aunque no era un concepto popular en aquella época, pude identificar la falta de sensibilidad social, la incompetencia cultural y la desconexión con el mundo en el que vivían los estudiantes de color. La mayoría de mis compañeros eran blancos y habían crecido en un entorno privilegiado, nunca habían enseñado en South Bronx ni habían pisado ninguno de los barrios pobres y conflictivos como Harlem, Bedford Stuyvesant, Bushwick o Red Hook. Sus lugares de trabajo eran escuelas privadas con niños blancos y de clase media. Viajaban a diario desde diferentes estados situados en el corredor noreste o vivían en el Upper West Side. Yo viajaba en tren a altas horas de la noche para regresar a mi casa en el Bronx. Era una mujer puertorriqueña inteligente y decidida que había encontrado su confianza y su voz. Me convertí en una persona más directa y, a menudo, muy apasionada y dispuesta a defender mis diferencias con respecto a las ideas que se presentaban.

Cuando se reanudaron las clases, tuve la oportunidad de compartir algunas de estas ideas en mis seminarios de tesis, y fue muy decepcionante e incluso desalentador escuchar que algunos de los que estaban inscritos en el mismo seminario que yo tenían expectativas tan bajas para los niños de color. Tanto mis compañeros latinos como los de raza blanca cuestionaban mis ideas y expresaban abiertamente que mis propuestas eran imposibles. Algunos de mis compañeros examinaban mis ideas con bastante rigor y las criticaban por ser idealistas y desconectadas de la realidad de los estudiantes que viven en la pobreza. Parecía que la propuesta de establecer una institución con exigencias elevadas y un plan de estudios académicamente riguroso para los estudiantes del Bronx no era una idea bien recibida y sacaba a los educadores presentes de su zona de confort. Después de todo, lo que yo proponía era algo inédito para cualquier escuela del Bronx y supondría una amenaza para el statu quo.

Entre el público se encontraban algunos de mis compañeros y educadores que habían sido maestros de la Junta de Educación de la Ciudad de Nueva York. Ahora ocupaban puestos administrativos en esa institución arcaica, marcada por estructuras raciales, y responsable de perpetuar durante décadas un sistema de discriminación y fracaso de los estudiantes latinos. En 1990, las consecuencias de la segregación y la educación deficiente contribuyeron a que más del 70 % de los estudiantes latinos abandonaran la escuela secundaria,[33] lo que creó una clase marginada de jóvenes que, durante décadas, solo pudieron aspirar a trabajos poco calificados. Fueron víctimas del racismo sistémico. Se convirtieron en el blanco ideal del sistema que los enviaba de la escuela a la cárcel.[34]

---

33 Lucy Hood, *High School Students at Risk: The Challenge of Dropouts and Pushouts* (New York: Carnegie Corporation of New York, 2004).

34 Monica Ruth Rouse, "Pull and Push Factors That Influence a Student's Decision to Drop Out of School."

Al igual que yo, gran parte de mis compañeros aspiraban a obtener doctorados y puestos como administradores educativos, subdirectores, directores o superintendentes. Cuando llegó el momento de hablar sobre el trato igualitario para todos los estudiantes y la agilización del aprendizaje gracias al acceso a los mismos materiales, no recibí ningún tipo de apoyo ni me sentí respaldada en absoluto. Presenté mi propuesta con entusiasmo, argumentando que si se trataba a todos los estudiantes como personas dotadas y con talento innato, esto sería posible. Sin embargo, concluyeron que todas estas ideas eran muy poco realistas y ambiciosas. Pero no me desanimé, sino que reforcé mi convicción de que todos los estudiantes podían tener el mismo acceso a las llaves del "*Reino del conocimiento*" y disfrutar de una experiencia de aprendizaje que los llevara a la excelencia y les abriera el camino hacia la educación superior. Mi objetivo no era solo proporcionar una educación de alta calidad, también me había comprometido a cambiar el futuro de nuestros jóvenes y a influir en su economía personal. A su vez, ellos se fortalecerían y contarían con las herramientas necesarias para cambiar la vida de sus comunidades. ¿Por qué nuestros estudiantes no podían recibir una educación que los preparara para ir a Yale en lugar de a la cárcel? Esa era mi visión sobre la justicia social y la equidad en la educación para los estudiantes de color que vivían en la pobreza y estaban marginados por el sistema.[35]

Mientras cursaba el doctorado, obtuve mi segunda maestría en administración educativa en el TC, en 1989.

35 Sofia Bahena, *Disrupting the School-to-Prison Pipeline* (Cambridge: Harvard Educational Review, 2012).

THE LIBRARY OF COLUMBIA UNIVERSITY

CAPÍTULO 9

OBTENER EL DOCTORADO: UN CAMINO REPLETO DE OBSTÁCULOS

> "El fracaso no es una opción".
>
> **—GENE KRANZ**

Decidí no trabajar a tiempo completo y, en su lugar, acepté trabajos como asesora y profesora adjunta en cursos de posgrado sobre educación bilingüe y especial, y política educativa en varias facultades de la CUNY y en Bank Street College. Era una decisión difícil desde el punto de vista económico, pero necesitaba terminar mi doctorado.

Mientras estudiaba, a veces aprovechaba los fines de semana largos para descansar y conducir hasta la costa de Long Island, Montauk o Cape Cod, mis pueblos costeros favoritos de la costa noreste. Me encantaba la libertad que sentía al caminar junto al mar, escuchar el sonido de las olas y ver a las aves volar sobre mi cabeza. El agua siempre me transmitió una sensación de calma. Cuando hacía esos viajes, buscaba algo, aunque no sabía muy bien qué era. Solo sabía que necesitaba estar sola. Estaba pasando por demasiado retos personales y emocionales que agobiaban mi alma, solo necesitaba alejarme y despejar mi mente. Así que organicé un viaje para avistar ballenas desde Provincetown.

Fue una experiencia maravillosa que ocurrió en el momento justo. Cuando uno está en un barco en medio del océano y ve por primera vez a una ballena saltar fuera del agua, el espectáculo es tan impresionante que cambia la perspectiva del mundo. Me sentí muy pequeña frente a la inmensidad del océano y, aunque estaba un poco mareada, el milagro de ver no una, sino cuatro ballenas fue un momento espiritual que marcó mi vida.

Regresé a Nueva York en medio de un tráfico infernal. Lo que pensé que sería un viaje de cinco horas se convirtió en una odisea de nueve horas para volver a mi casa en el Bronx. Estaba agotada. Pero mientras conducía por la autopista, tuve bastante tiempo para pensar y reflexionar sobre lo que quería hacer con mi vida después del doctorado y qué rumbo quería darle a esta increíble oportunidad que se me había presentado.

Desde hacía mucho tiempo que defendía con vehemencia la educación y militaba por la justicia social y la igualdad en la educación de los estudiantes latinos migrantes e inmigrantes, en particular los que estaban aprendiendo inglés como segunda lengua (ELL). Mientras continuaba el largo viaje de regreso a casa desde Cape Cod hasta el Bronx, comencé a idear un plan para fundar una escuela y a pensar cuáles serían la misión, los objetivos, el método de enseñanza, el aprendizaje y el plan de estudios. En mi mente repasé el diseño de todos los componentes de esta visión que se había apoderado de mi corazón y mi mente. No sabía por dónde empezar, a quién acudir ni qué hacer.

Una vez en mi oficina, aproveché la ocasión para comenzar a redactar un borrador con el fin de escribir una propuesta sobre mi proyecto, que catorce años después serviría de base para lo que hoy es la escuela secundaria International Leadership Charter High School. Mi visión personal de la educación y el tipo de escuela que quería crear aún estaban en desarrollo. No estaba segura de si sería una escuela privada independiente o una escuela pública. De lo que sí estaba segura era de que en la escuela que imaginaba no habría estudiantes etiquetados ni estigmatizados y que se les ofrecería la misma oportunidad de trabajar con un contenido académico riguroso y de acceder a todos los conocimientos, materiales, recursos y experiencias que estaban al alcance de los niños blancos privilegiados.

Esta visión me ayudó a soportar los nueve años del posgrado, una etapa muy intensa y exigente. Después de completar el doctorado y pasar tres años escribiendo, finalmente terminé el borrador de mi tesis, y estaba lista para imprimirlo y defenderlo. O al menos eso creía. Pero el proceso fue una carrera de obstáculos, entre los que se encontraban profesores titulares de gran prestigio que eran los que decidían quién obtenía el codiciado título de doctor. Me encontraba a su merced: solo ellos podían validar el proceso, aceptar que estaba lista y permitirme cruzar el "umbral".

Como candidata al doctorado, podía seleccionar e invitar a los profesores del departamento que quisiera para que fueran los asesores y miembros de mi comité de tesis. Se desempeñarían como un panel de expertos encargados de leer los capítulos, realizar observaciones para mejorar la redacción según su propio criterio y proponer ideas para incorporar, incluso cuando yo no las considerara pertinentes para la hipótesis que buscaba demostrar. Estos asesores podrían destrozar mi trabajo y retrasar el proceso otros cuatro años. Era como elegir a tu propio verdugo.

Durante esos tres años del programa, me encontraba en la fase "Todo menos tesis" (TMT), una designación que otorgan las instituciones cuando se completan todos los cursos y exámenes de certificación. Era una estudiante de doctorado certificada y tenía que conservar la matrícula, lo que suponía el pago de una elevada cuota semestral de aproximadamente 5 000 dólares. Los estudiantes de doctorado en la fase TMT pagan solo para mantener una buena posición académica en la universidad, requisito necesario para no ser expulsados del programa de doctorado.

Para mi comité de tesis, seleccioné a María Torres-Guzmán, quien en ese momento era la directora del departamento de Bilingüismo/ Biculturalismo de TC. Un curso que me apasionaba y que muchos de mis colegas cursaban como especialidad secundaria. La profesora emérita María Torres-Guzmán fue pionera en el campo de la educación multilingüe y multicultural. Lamentablemente, falleció en 2018 en Madrid, España. La vida de María giró en torno a la lucha por la justicia social a través del departamento de Bilingüismo/Biculturalismo. Gran parte de su trabajo en TC consistió en defender y promover las lenguas, las culturas y las identidades de los grupos lingüísticamente minoritarios. Ella consideraba que la educación bilingüe era un importante vehículo educativo para apoyar el aprendizaje de los menores pertenecientes a estos grupos. La Dra. Torres-Guzmán fue una reconocida investigadora y autora de varias obras. Fue una ferviente defensora de su programa y de sus estudiantes. "Ella fue y será el rostro y el corazón del programa de educación

La Dra. María Torres-Guzmán y yo, junto con profesores del Departamento de Bilingüismo/ Biculturalismo del TC

bilingüe de TC", expresó A. Lin Goodwin, vicedecana y profesora de Educación de TC.

Entre sus numerosas publicaciones se encuentran *Learning in 2 Worlds: An Integrated Spanish/English Biliteracy Approach*[36] y *Freedom at Work: Language, Professional and Intellectual Development in Schools.* Torres-Guzmán y la coautora Ruth Swinney narran la transformación de la escuela pública n.º 165. Y un volumen editado de importancia histórica que surge de una conferencia nacional titulada *Imagining Multilingual Schools: Languages in Education and Globalization* (Multilingual Matters 2006).

Según María, "Podemos hablar de estandarización y responsabilidad como una forma de lograr la equidad, pero existen numerosas pruebas de que las libertades dentro del plan de estudios, lo que se enseña y lo que se evalúa, se ven restringidas y los resultados se traducen en mayores diferencias".

Además, escogí al Dr. Dennis Mithaug, antiguo director del Departamento de Educación Especial. El profesor Mithaug y sus colegas también desarrollaron una teoría del aprendizaje en la que el compromiso personal era el eje central del porqué, el cómo y el qué aprenden las personas, tengan o no discapacidad. Fue miembro fundador

"PODEMOS HABLAR DE ESTANDARIZACIÓN Y RESPONSABILIDAD COMO UNA FORMA DE LOGRAR LA EQUIDAD, PERO EXISTEN NUMEROSAS PRUEBAS DE QUE LAS LIBERTADES DENTRO DEL PLAN DE ESTUDIOS, LO QUE SE ENSEÑA Y LO QUE SE EVALÚA, SE VEN RESTRINGIDAS Y LOS RESULTADOS SE TRADUCEN EN MAYORES DIFERENCIAS". —DRA. MARÍA TORRES-GUZMÁN

36 Bertha Perez y Maria Torres-Guzman, *Learning in 2 Worlds: An Integrated Spanish/English Biliteracy Approach* (Edición en inglés y español, 1994).

y presidente de la División de Investigación del Consejo para Niños con Necesidades Especiales, datos que descubrí después de seleccionarlo para que formara parte de mi comité. Sus méritos me hicieron comprender su enfoque implacablemente riguroso con respecto a los datos que presenté como parte del estudio de investigación cuantitativa para mi tesis doctoral.[37]

A lo largo de este agotador proceso, solía expresar mis preocupaciones, pero la Dra. Torres-Guzmán me tranquilizaba diciéndome que era muy raro, por no decir imposible, que el comité rechazara a un candidato a doctorado durante la defensa de su tesis. Me explicaron que, si te asignaban una fecha para defender la tesis, era porque el comité consideraba que ya estabas preparado. Además, tu asesor no te permitiría pasar a la defensa si no estuviese seguro de que lo harías bien. Porque si no lo logras, ella quedaría en una mala posición ante sus colegas. Así que lo único que tenía que hacer era presentarme, mantener la calma, concentrarme en responder a las preguntas y, bajo ninguna circunstancia, decir o presentar algo inapropiado, escandaloso o fuera de lugar.

Para muchos, la defensa de la tesis es un rito de iniciación intimidante, un camino repleto de obstáculos. En mi caso, fue tal y como lo describieron otros compañeros de promoción, lo que me provocó bastante ansiedad. Como era de esperar, la noche antes de la defensa, en abril de 1994, tuve pesadillas. En mis sueños, me encontraba en una de las aulas de TC donde se celebraría la defensa de la tesis y vi que mi tesis estaba destrozada. Después tuve otra pesadilla en la que llegaba al aula donde defendería la tesis, pero todos los miembros del comité se habían marchado porque había llegado tarde.

Esta pesadilla se convirtió en una bendición, ya que siempre me había resultado muy difícil llegar a los sitios con antelación. La mañana de mi defensa, me propuse levantarme muy temprano y llamar a un taxi para no

37 Elaine Ruíz-Rodriguez, "Language Attitudes of Teachers: Its Relationship to the Referral of the Linguistically and Culturally Diverse Student to Special Education" (PhD diss., Teachers College, Columbia University, 1994), ProQuest Dissertations Publishing.

perder tiempo buscando estacionamiento. Llegué a la sala asignada en Grace Dodge Hall antes que el comité de tesis. Tenía un nudo en el estómago y me sentía mal. A pesar de ello, lucía bien, con mi atuendo profesional cuidadosamente seleccionado, la tesis en la mano y lista para comenzar la "defensa". Aún no había llegado nadie, así que esperé ansiosamente durante diez minutos, que me parecieron una eternidad.

Por un momento pensé que quizá me había equivocado de día, de lugar o de número de aula. Recordé el sueño que había tenido la noche anterior y me sentí más ansiosa. De repente, se abrió la puerta y el profesor Mithaug fue el primero en saludarme. Extendió la mano y, mientras sonreía, me dijo: "¡Felicidades!". Sin embargo, en ese momento no pude celebrar plenamente porque sabía que me faltaba defender la tesis. Interpreté ese gesto amable como una señal de que debía relajarme y confiar en que todo saldría bien.

Durante estos últimos tres años, la tarea de escribir, solicitar ediciones, revisar y reescribir todos los capítulos enviados me supuso una de las mayores pruebas académicas y de resistencia a las que me había enfrentado como estudiante de posgrado. Sabía que no podía rendirme, y por supuesto que no faltaron las lágrimas, las noches en vela y, en algunos momentos, la ira y la frustración hacia los miembros de mi comité. Aunque al final todo esto valió la pena, les enviaba los capítulos de mi tesis y ellos no me respondían ni me devolvían comentarios durante semanas o meses. Tenía que insistirles con frecuencia, visitar sus oficinas o llamarlos por teléfono, dejarles notas y mensajes, y preguntarles con amabilidad si habían leído la última versión de los capítulos revisados que les había enviado. Me devolvían una y otra vez capítulos que era evidente que no habían leído de forma exhaustiva ni con atención, con garabatos como anotaciones que no podía interpretar ni descifrar de forma inteligente, ya que requerían aclaraciones e interpretaciones. Me reuní con la presidenta de mi comité de defensa, la Dra. Torres-Guzmán, quien en efecto me brindó numerosos comentarios, muchos de los cuales fueron de gran ayuda, pero incluso en ese caso, terminé editando los capítulos para dejarlos como estaban al principio, cuando los presenté por primera vez. Fue una etapa muy frustrante del proceso, una auténtica tortura.

Me habían comentado que todos los estudiantes de doctorado, incluidos mis actuales profesores, pasaban por este proceso exigente, doloroso y frustrante para obtener el título. Quienes aspirábamos a obtener un doctorado en una institución de la Ivy League debíamos someternos a este proceso diseñado para ser extenuante y superar los obstáculos a fin de disfrutar del privilegio de formar parte del menos del 2 % de las mujeres latinas del país que poseen un título de doctorado.[38] Como mujer puertorriqueña de color criada en el South Bronx que ya no podía permitirse pagar la matrícula anual con el sueldo de educadora, si quería mantener mi buena reputación, no me quedaba otra opción que cuestionar el prolongado proceso y lo que a veces parecía ser un análisis minucioso de mi trabajo. Esto no me gustaba, porque no trabajaba a tiempo completo y tenía muchos problemas personales y económicos. Desde 1975, cuando me matriculé por primera vez en la CCNY como estudiante de licenciatura, que no sentía tanto pánico por fracasar. Pero no me lo podía permitir. Había mucho en juego.

El 9 de mayo de 1994, finalmente me gradué y obtuve mi doctorado en educación. Hubo dos ceremonias. La primera se llevó a cabo con toda la promoción de 1994 de la Universidad de Columbia, con representantes de todas las facultades, incluidas las de derecho, ingeniería, medicina, ciencias políticas y educación. La segunda ceremonia se celebró ese mismo día en Riverside Church. Fue un momento agotador, pero muy hermoso. Estuvieron presentes mis padres, Lucila y Alfonso Sr., mi hermano menor, Alfonso Jr., mi hija Monica y mi nieta de catorce meses, Miraya Alexis. Mientras caminaba hacia los asientos donde se encontraban los graduados

38 Stafford Hood and Donald Freeman, "Where Do Students of Color Earn Doctorates in Education? The "Top 25" Colleges and Schools of Education," *The Journal of Negro Education* 64, n.º 4: 423–436. https://doi.org/10.2307/2967265.

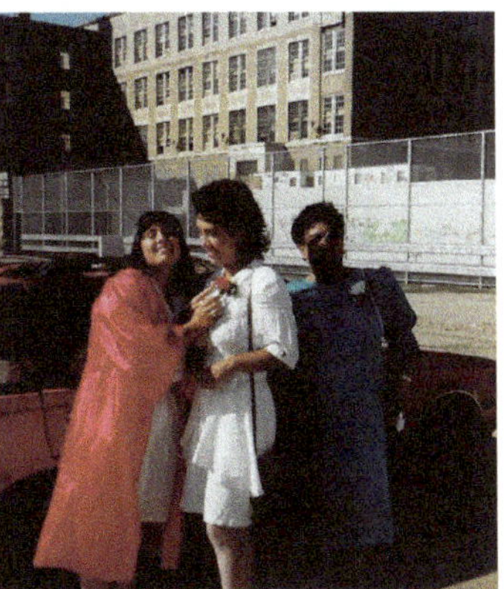

de la promoción de 1994 en el gran jardín de la Universidad de Columbia, el sol brillaba y el ambiente estaba repleto de personas alegres que conversaban entusiasmadas. Además del nacimiento de mi hija, su graduación de la escuela secundaria (y, más adelante, mi matrimonio con Tony en 2001), este fue uno de los días más felices y uno de los mejores momentos de mi vida. Ahora sí podía hacer realidad la visión que tuve aquel fin de semana cuando paseaba sola por Cape Cod.

CAPÍTULO 10

LA EDUCACIÓN COMO DERECHO CIVIL: UNA VISIÓN DE EQUIDAD EN EL BRONX

> "Si nosotros ya somos bilingües, ¿por qué nuestros hijos deben abandonar uno de los idiomas para hablar solo inglés?".
>
> **—DRA. ANTONIA PANTOJA**

Durante casi una década, mientras cursaba mis estudios de posgrado en Bank Street College y TC de la Universidad de Columbia, participé de forma activa en diversas causas relacionadas con la justicia social, fui miembro y líder de la delegación de Nueva York del NCPRR entre 1981 y 1995,[39] donde trabajé en colaboración con otras organizaciones de derechos civiles y conocí a un grupo de personas con ideas afines a nivel local y nacional. El NCPRR fue fundado por antiguos líderes del YLP en 1981 en el South Bronx. Al terminar la universidad, la Dra. Diana Caballero, miembro fundadora del NCPRR, quien compartió conmigo un panel en la CCNY, me invitó a formar parte de la organización. Accedí a unirme a ella y a otros activistas

39 The Committee Against Fort Apache Protesting Media Stereotypes, https://phi.history.cornell.edu/projects/archival-finds/the-committee-against-fort-apache/.

educativos y comunitarios, y me invitaron a participar en diversas protestas, así como en reuniones de coaliciones multilingües con varias organizaciones defensoras de la comunidad. Fue entonces cuando aprendí las lecciones más importantes sobre organización comunitaria, estrategia y valentía para denunciar el racismo y la desigualdad.

> En 1981, un variado grupo de activistas puertorriqueños de muchas organizaciones diferentes, como los Young Lords, el Partido Socialista Puertorriqueño (PSP) y la Alianza Puertorriqueña (PRA), crearon el NCPRR. Aunque las primeras reuniones se celebraron en Filadelfia, el congreso más grande tuvo lugar en el Bronx. Antiguos miembros de los Young Lords como Juan Ramos (de Filadelfia) y Juan Gonzalez, Hildamar Ortiz y Richie Perez (de Nueva York) querían crear una gran organización de derechos civiles que pudiera movilizar a las comunidades puertorriqueñas de todo el país en torno a diversos temas. La estructura de la organización se diseñó para que sea descentralizada; si bien el NCPRR tenía un comité ejecutivo central, gran parte de su energía organizativa provenía de las delegaciones locales situadas en toda la zona noreste de los Estados Unidos. En la ciudad de Nueva York se encontraba una de sus sedes más importantes.

De esta manera, pude canalizar mi indignación por las injusticias que seguí presenciando y experimentando como joven maestra. Con el tiempo, me dediqué por completo a esta importante labor de defensa como voluntaria y me convertí en una líder comunitaria que abogaba por los derechos lingüísticos de los niños. Más adelante, en la década de 1990, me opuse al movimiento "Inglés Oficial",[40] impulsado por los prejuicios contra los inmigrantes y la xenofobia a nivel local y nacional.

Me pidieron que hablara en audiencias y que apoyara a los grupos de padres en las reuniones con la junta directiva escolar. Así que me convertí en su portavoz y defendí los derechos de los niños puertorriqueños y latinos para que recibieran una educación bilingüe y se les ofrecieran programas que les proporcionaran mayores oportunidades educativas de las que tenían. Viajaba de noche para asistir a las reuniones que se celebraban en toda la ciudad, desde el Bronx hasta Queens y, con frecuencia, a los distritos escolares del condado de Suffolk, donde participaba en audiencias públicas en las que prestaba testimonio. Me dediqué a leer casos de litigios ganados en los tribunales locales y federales que obligaban al Departamento de Educación de los Estados Unidos (DOE) a crear políticas y regulaciones que obligaran a los distritos escolares públicos a cumplir con la ley. Fue una coincidencia afortunada poder estudiar en ese momento la legislación y las leyes educativas que regían las políticas en Nueva York y en todo el país. Sin duda, los cursos de posgrado que realicé en TC me proporcionaron el contexto intelectual, los fundamentos jurídicos y los precedentes históricos necesarios para comprender los orígenes de las políticas educativas destinadas a proteger los derechos de los estudiantes pertenecientes a las minorías lingüísticas en las escuelas públicas de Nueva York y de todo el país.

La incongruencia entre lo que estaba escrito en las leyes y la falta de aplicación de las normas guiadas por la política no podía ser aceptada por mí ni por otros activistas que presenciamos los hechos, leímos los informes y escuchamos los testimonios de padres y maestros sobre cómo se infringían e incumplían estas políticas de forma reiterada en las escuelas públicas de la ciudad de Nueva York. El mayor impacto se produjo en la educación de los niños inmigrantes y no inmigrantes cuya lengua materna no era el inglés, que

40 Ariel Arnau, "Suing for Spanish: Puerto Ricans, bilingual voting, and legal activism in the 1970s."

se criaban en un contexto multicultural y tenían derecho legal a programas de educación bilingüe.

Durante finales de la década de 1970, a esta población de estudiantes se les negó de forma abierta el acceso a estos programas. Sin embargo, gracias a una nueva ola de concienciación y a la presión ejercida por los grupos de defensa jurídica y las organizaciones comunitarias, durante las décadas de 1980 y 1990 se le prestó mayor atención al cumplimiento de estos programas. La situación era mucho peor para los estudiantes de educación especial que eran bilingües y biculturales. A una gran cantidad de estos estudiantes se los clasificaba de forma errónea, se los asignaba a clases inadecuadas y se los colocaba en una proporción excesiva en clases inadecuadas destinadas a niños con trastornos del habla y el lenguaje o con trastornos emocionales.

Para los estudiantes latinos, que tenían derecho a recibir servicios de enseñanza bilingüe conforme a la ley, estos programas eran esenciales y constituían la base de su rendimiento académico. Me dedicaba a escribir cartas en nombre de los padres y miembros de la comunidad y exigía con firmeza a los superintendentes, directores y distritos escolares la plena implementación del programa al que tenían derecho los niños, de conformidad con las leyes y reglamentos locales y estatales. En particular, el Decreto de Consentimiento de Aspira de 1972,[41] un caso histórico que se discutió en el contexto de las leyes de segregación racial que prohibían la educación "separada pero igualitaria" en los Estados Unidos (Brown contra la Junta de Educación en 1954; Ley de Derechos Civiles de 1964) y la lucha por el control comunitario en las décadas de 1960 y 1970. Numerosos líderes, padres, abogados y educadores puertorriqueños argumentaron que las escuelas de la ciudad estaban obligadas a proporcionar una enseñanza que abordara las necesidades lingüísticas y culturales de los estudiantes. En última instancia, tras un litigio, el Fondo de Defensa Legal Puertorriqueño ganó

41 Anthony De Jesús y Madeline Perez, "From Community Control to Consent Decree: Puerto Ricans Organizing for Education and Language Rights 1960s and '70s New York City," *Centro Journal* 21, n.º 2: 7–31.

el caso. Los tribunales fallaron a favor de los demandantes y dictaminaron que los niños que no dominaban el inglés tenían derecho a recibir educación en su lengua materna.

En respuesta a las altas tasas de deserción escolar y la constante privación de derechos de los estudiantes puertorriqueños, una coalición de líderes puertorriqueños y organizaciones de defensa jurídica actuó como fuerza impulsora para generar conciencia social y política sobre la descarada discriminación que sufría este grupo de estudiantes. Con el tiempo, esto obligó al sistema escolar a proporcionar una estructura cultural y lingüísticamente responsable en las escuelas de la ciudad para ofrecer una mayor equidad a los niños hispanohablantes.

Según Sonia Nieto (1995), en la bibliografía más antigua se hace referencia al "problema puertorriqueño", lo que sugería que las dificultades educativas de los estudiantes puertorriqueños eran consecuencia de su cultura, idioma y origen socioeconómico presuntamente inferiores. Un informe del estado de Nueva York de 1935 titulado "Reactions of the Puerto Rican Children in New York City to Psychological Tests" describe a los niños puertorriqueños de la siguiente manera:[42]

> *"Los puertorriqueños agravan de manera considerable el enorme problema que existe con los discapacitados intelectuales de origen extranjero, de donde provienen la mayoría de los delincuentes y criminales. De hecho, la mayoría de estos niños puertorriqueños evaluados revelan una mentalidad familiar que no debería permitirse aquí, ya que deteriora aún más los estándares, ya de por sí gravemente afectados por la inmigración masiva de los sectores más bajos de la población de muchos países. La mayoría no se adapta al tipo de civilización existente y contribuye a que la sociedad retroceda a un nivel inferior de progreso".*

42 Informe del estado de Nueva York titulado "Reactions of the Puerto Rican Children in New York City to Psychological Tests. 1935; mencionado en N.º 72 Civ. 4002 Tribunal de Distrito de los Estados Unidos, Distrito Sur de Nueva York.

Las organizaciones que surgieron al frente de esta lucha fueron ASPIRA, UBP y el Fondo Puertorriqueño de Defensa Legal y Educación (PRLDEF).[43] En el contexto de la lucha por el control de la comunidad y la educación bilingüe, los líderes de estas organizaciones desempeñaron una función importante a favor de los derechos educativos y lingüísticos de los puertorriqueños y otras comunidades marginadas por las escuelas. Las dos fundadoras de estas destacadas organizaciones comunitarias, ASPIRA y UBP, estaban frustradas y agotadas de que se responsabilizara a los padres puertorriqueños de los problemas educativos y el bajo rendimiento de sus hijos.

La Dra. Antonia Pantoja y la Dra. Evelina Antonetty determinaron que el problema no radicaba en los estudiantes puertorriqueños, sino en el fracaso del sistema escolar a la hora de proporcionar una educación equitativa para esta población de estudiantes. Reformularon el problema y lo plantearon desde una nueva perspectiva, no se trataba de la falta de inteligencia o potencial académico de los jóvenes, sino del racismo sistémico que existía dentro de la Junta de Educación. En 1970, Evelina Lopez Antonetty, fundadora de la UBP, en su declaración ante una Comisión Especial del Congreso de los Estados Unidos sobre la Igualdad de Oportunidades Educativas para los Niños Puertorriqueños, expresó lo siguiente: "*El problema no son nuestros niños puertorriqueños. El problema es el sistema educativo que los reprime, los manipula y los destroza. El Gobierno Federal debe dejar de subvencionar esta burocracia incompetente y parcial. Deben ofrecerles a nuestras comunidades la oportunidad de educar a nuestros hijos*" (Senado de los Estados Unidos, 1970: 3754).[44]

La petición de Lopez Antonetty fue compartida por Antonia Pantoja, trabajadora social y fundadora de ASPIRA y otras organizaciones

---

43 Jerald E. Podair, *The Strike that Changed New York. Blacks, Whites, and the Ocean Hill-Brownsville Crisis* (New Haven: Yale University Press, 2002).

44 Aspira of N.Y. v. Bd. of Ed. of City of New York 423 F. Supp. 647 (S.D.N.Y. 1976).

puertorriqueñas, quien testificó sobre los retos a los que se enfrentaban los padres y estudiantes puertorriqueños al interactuar con el sistema escolar:

> "*Cuando uno se enfrenta al sistema escolar a nivel administrativo y docente, se encuentra con un sistema recalcitrante que se empeña en decirle que están haciendo lo que los educadores consideran mejor, y como nosotros no lo somos, no debemos entrometernos*". (Senado de los Estados Unidos, 1970: 3691)

Pantoja consideraba que esta intransigencia, junto con la orientación asimilacionista de las escuelas, era psicológicamente perjudicial e interpretaba que constituía un ataque a la identidad y el bienestar de los niños puertorriqueños. Durante su declaración, afirmó:

> *"Esto me lleva a afirmar que las escuelas atacan a los niños que hablan español y que son diferentes, con el fin de obligarlos a renunciar a ello. Como resultado, el niño se avergüenza de sí mismo, de sus padres y de hablar español. Esto perjudica su motivación y su capacidad para aprender. Ya que, si no se tiene una buena opinión de uno mismo, no se puede aprender un nuevo idioma ni adquirir nuevas habilidades". (Senado de los Estados Unidos, 1970: 3688)*

Las declaraciones de Lopez Antonetty y Pantoja reflejan su falta de confianza en que la Junta de Educación, dominada por hombres blancos, pueda generar programas o reformas significativas que motiven y eduquen a los niños puertorriqueños:

> *"Hemos llegado a la conclusión de que no han sido capaces de desempeñar ciertas funciones y nunca lo serán. Me refiero a funciones como la motivación, la orientación y los programas destinados a desarrollar una identidad positiva en los niños. Son funciones que nosotros, en la comunidad puertorriqueña, sabemos desempeñar mejor para el bien de nuestros hijos". (Senado de los Estados Unidos, 1970: 3689)*

Los testimonios de la Dra. Pantoja y la Dra. Lopez Antonetty también tuvieron gran repercusión entre los afroamericanos, ya que evidenciaban que la Junta de Educación no había logrado persuadir a los padres blancos para que acabaran con la segregación y aumentaran el acceso a escuelas de calidad para los niños de color de forma voluntaria. Concluyeron que las comunidades afroamericana y puertorriqueña debían tener la oportunidad de tomar decisiones educativas en beneficio de sus hijos. Tras una década de fracasos en la implementación del caso Brown, esta perspectiva impulsó el movimiento de control comunitario y a la institucionalización de programas de educación bilingüe para todos los estudiantes de lenguas minoritarias en las escuelas públicas de la ciudad de Nueva York.

ASPIRA significa "aspirar" en español. Esta organización juvenil sin fines de lucro fue fundada por Antonia Pantoja en 1961. Desde sus inicios, ASPIRA se dedicó a promover el avance de la comunidad puertorriqueña a través de la educación de sus jóvenes (Santiago 1978: 5).[45] Se centró en la retención de los estudiantes en la escuela secundaria y la universidad, y contó con la ayuda de los clubes ASPIRA, quienes organizaban a los jóvenes y desarrollaban su capacidad de liderazgo en sus respectivas escuelas y universidades. Los *aspirantes* que participaban en los clubes de ASPIRA organizaron luego una sentada en apoyo a los programas educativos bilingües y a la contratación de profesores bilingües (Reyes 2000: 76).

A principios de la década de 1970, Pantoja y otras personas comenzaron a considerar la posibilidad de adoptar estrategias legales para institucionalizar la educación bilingüe. Para lograr este objetivo, ASPIRA, junto con un grupo de padres puertorriqueños y el Fondo Puertorriqueño de Defensa Legal y Educación (PRLDEF), presentaron una demanda en el Tribunal de Distrito de los Estados Unidos contra la Junta de Educación de la Ciudad de Nueva York en 1972 y ganaron el caso el 22 de octubre de 1976.[46] Sin

45 Anthony De Jesús y Madeline Perez, "Community Control to Consent Decree: Puerto Ricans Organizing for Education and Language Rights in 60s and 70s New York City."

46 Aspira of N.Y. v. Bd. of Ed. of City of New York 423 F. Supp. 647 (S.D.N.Y. 1976).

duda, la decisión de la Corte Suprema en el caso Brown contra la Junta de Educación en 1954 estableció un claro precedente legal y sentó las bases para lograr el *Decreto de Consentimiento de Aspira* de 1972. En la ciudad de Nueva York, el Decreto de Consentimiento de Aspira buscaba incluir a los estudiantes de ELL como beneficiarios ostensibles de lo prometido en el caso Brown. Aunque en un principio este derecho se estableció para los estudiantes con apellidos hispanos, ahora la ley exige la prestación de servicios a los niños en edad escolar del sistema público de Nueva York, en el que se hablan más de 150 idiomas.

Me dediqué con gran pasión a organizar y educar a los padres sobre la representación excesiva de los estudiantes negros y latinos inscritos en los programas de educación especial, y el estigma negativo asociado a las etiquetas que se atribuyen a nuestros hijos, que en numerosos casos terminaron vinculándose al abandono escolar y al encarcelamiento.

Unos años antes de obtener mi doctorado en TC, sabía que debía aportar algo valioso y significativo para mi comunidad, así como preservar y honrar la lucha y los sacrificios de la Dra. Lopez Antonetty y la Dra. Pantoja. Tuve el privilegio de conocer y hablar con estas dos mujeres de gran integridad que lucharon por la equidad en la educación y la creación de una legislación que sirviera de guía para las decisiones políticas. Esta política generó un impacto trascendental en la educación de los estudiantes puertorriqueños y latinos de la ciudad de Nueva York, que en última instancia, benefició a miles de niños inmigrantes de diversas culturas y lenguas. Su lucha y sus experiencias influyeron en gran medida en el camino profesional que elegí y en mi dedicación al ámbito de la educación de niños multilingües y multiculturales. Hoy en día, cientos de grupos lingüísticos están protegidos por las políticas y regulaciones que institucionalizó el Decreto de Consentimiento de Aspira en el sistema más grande de los Estados Unidos.

Por eso, me pareció lógico que el tiempo que dediqué a obtener un doctorado en educación tuviera un impacto y respondiera a un propósito y una visión más amplios, que incluyeran la preservación de los valores y principios fundamentales que nos enseñaron la Dra. Lopez Antonetty y la Dra. Antonia Pantoja, así como la creación de instituciones que reflejaran los ideales por los que lucharon. En 1985, la Dra. Lopez Antonetty falleció de forma repentina. Ese día, nuestra comunidad perdió a un gran tesoro, la persona que más defendió nuestros derechos. En 1996, la Dra. Pantoja recibió la Medalla Presidencial de la Libertad por parte del presidente Bill Clinton.

La Dra. Antonia Pantoja recibe la Medalla Presidencial de la Libertad, Casa Blanca, 1996. Junto a ella, la primera dama, Hillary Clinton, y la congresista Nydia Velázquez.

CAPÍTULO 11

EL DESARROLLO DE UNA FILOSOFÍA EDUCATIVA

> "Hoy en día, el conocimiento es la necesidad principal".
>
> **—DRA. MARY McLEOD BETHUNE**

Mi forma de ver la educación se vio muy influenciada por los filósofos que conocí en el TC. Entre ellos, los más importantes fueron Horace Mann y John Dewey, cuyas ideas de finales de 1800 y principios de 1900 se incorporaron a los contenidos de numerosos cursos. Sus enseñanzas dieron forma a mi visión sobre una escuela chárter para niños de color en comunidades desatendidas. Sin embargo, mi perspectiva no solo recibió la influencia de estas dos figuras. También me inspiraron grandes figuras afroamericanas como W. E. B. Du Bois y la Dra. Mary Jane McLeod Bethune. Du Bois, filósofo e historiador formado en Harvard, fomentó el progreso de los afroamericanos a través de la educación, resaltó la importancia del "El décimo talentoso", es decir, la élite del diez por ciento que lideraría y mejoraría su comunidad.

La Dra. Mary Jane McLeod Bethune, hija de antiguos esclavos, se convirtió en una educadora negra fundamental; líder del movimiento por los derechos civiles y funcionaria del gobierno en el siglo XX. Su universidad se convirtió en un referente para las universidades negras modernas. Como asesora del presidente

Roosevelt, defendió los derechos de los afroamericanos. Fundó la Escuela de Formación Literaria e Industrial para Niñas Negras en Daytona Beach, que más tarde se fusionó con el Instituto Cookman y se convirtió en el Bethune-Cookman College en 1929. Esta institución comenzó a otorgar títulos en 1943.

En una carta de 1946, la Dra. Bethune describió su filosofía educativa como una "triple capacitación de la mente, las manos y el corazón", en la que hacía hincapié en una educación integral basada en la dignidad del trabajo y los valores espirituales. En una ocasión, declaró ante la Asociación Americana de Maestros que los afroamericanos continuarían con la lucha por la igualdad de oportunidades educativas hasta que se eliminaran todas las barreras.

En TC, el plan de estudios se inspiraba en gran medida en educadores venerados como Horace Mann, reformador educativo y abolicionista. Nacido en 1796, Mann defendió la educación pública, ya que creía en su capacidad para mantener una sociedad libre. Sus principios rectores establecían que la educación debía ser pública, inclusiva, no sectorial e impartida por profesionales cualificados.

John Dewey, nacido el 20 de octubre de 1859, comenzó su carrera universitaria a los quince años en Vermont y posteriormente obtuvo un doctorado en la Universidad Johns Hopkins. Publicó más de mil obras, en las que se enfocó en especial en la filosofía de la educación ideal. Para Dewey, la educación no consistía en aspirar a ingresar a universidades prestigiosas, sino en fomentar los intereses individuales de los estudiantes. Creía en la importancia de comprender los antecedentes y las experiencias de los niños para guiar su aprendizaje y crecimiento. Dewey sostenía que, para que la democracia prosperara, los ciudadanos debían abordar los problemas sociales de forma colectiva y valorar las opiniones diversas. Para él, el proceso de aprendizaje era más importante que cualquier resultado específico. Según Hickman,[47] el pragmatismo de Dewey destacaba el "aprender haciendo" y favorecía el aprendizaje experiencial frente a la simple memorización. Esta teoría educativa progresista, que enfatiza las actividades prácticas y centradas

47 Larry A. Hickman, Stefan Neubert y Kersten Reich, eds., John Dewey, *Between Pragmatism and Constructivism* (New York: Fordham University Press, 2009).

en los estudiantes, se convirtió en la base de instituciones como Bank Street College, donde estudié antes de matricularme en TC.

En el método del proyecto o del problema, que defendía Dewey, lo más importante eran los intereses y los objetivos del niño. En el aprendizaje basado en problemas (PBL),[48] por ejemplo, un método muy utilizado hoy en día en la educación, se incorporan las ideas de Dewey sobre el aprendizaje a través de la investigación activa.

Lo que realmente me llamó la atención como joven maestra fue el enfoque basado en el alumno de Dewey. Él consideraba que la educación debía fomentar el pensamiento crítico, la reflexión y el interés de las personas, en comparación con el aprendizaje memorístico que prevalecía en aquel entonces. La perspectiva de Dewey sobre la importancia de integrar las materias tradicionales con los intereses del alumno influyó de manera significativa en el diseño del plan de estudios de nuestra escuela secundaria chárter y en el proceso de enseñanza y aprendizaje en un entorno óptimo, mediante la incorporación de materiales con gran riqueza de contenido en todas las áreas que proporcionan experiencias estimulantes y significativas.

Esta filosofía impregnó nuestros métodos de enseñanza, destacó el aprendizaje activo, el pensamiento crítico y el aprendizaje basado en proyectos, en especial en ciencias y matemáticas. Él rechazaba el enfoque de aprendizaje memorístico impulsado por un plan de estudios predeterminado, que era el método de enseñanza estándar cuando me convertí en maestra en South Bronx. Según la bibliografía, aunque él utilizaba el término “educación progresista”, con el tiempo este se tergiversó para describir, en algunos casos, un método de aprendizaje infantil sin intervención, algo que Dewey no proponía. Dewey consideraba que las materias tradicionales eran importantes, pero que debían integrarse con los intereses y habilidades de cada estudiante.[49]

48 "Interdisciplinary Journal of Problem-Based Learning," Purdue e-Pubs, consultado el 20 de enero de 2024, https://docs.lib.purdue.edu/ijpbl/.

49 Sonia E. Murrow, *Preparing Teachers to Remake Society: New College at Teachers College* (Columbia University, 1932-1939).

THE LIBRARY OF COLUMBIA UNIVERSITY

CAPÍTULO 12

LA *POLÍTICA* DE LA REFORMA EDUCATIVA

> "La manifestación de una promesa de Dios puede retrasarse, pero Su palabra nos asegura que nunca será negada".
>
> **—2 CORINTIOS 1:20**

En 2004, se publicaron informes en el estado de Nueva York y en toda la ciudad que indicaban que el DOE pronto comenzaría a desmantelar las escuelas secundarias integrales de la ciudad de Nueva York. La mayoría de las escuelas secundarias, en especial en el Bronx, estaban superpobladas y obtenían resultados académicos deficientes y bajas tasas de graduación. Además, estas escuelas formaban parte de la lista de establecimientos educativos más inseguros y peligrosos. Se produjeron numerosos incidentes de violencia entre pandillas y posesión de armas y drogas, por lo que fue necesario aumentar el número de detectores de metales y agentes de seguridad escolar contratados por el Departamento de Policía de Nueva York (NYPD). Esta situación propició el surgimiento del movimiento de escuelas nuevas y pequeñas, como parte de una visión más amplia de reforma educativa.

Los CSD locales comenzaron a publicar solicitudes de propuestas (RFP) para recibir subvenciones del siglo XXI que les permitieran a los educadores y las organizaciones proponer conceptos y temas para las nuevas escuelas. Esto se presentó como un proceso público abierto a todos los interesados que reunieran los requisitos, con el fin de replantear la educación de los estudiantes de escuela secundaria e intermedia.

¡Estaba emocionada por tener la oportunidad de plasmar mi visión en papel! Todas las noches, sin importar lo largo que hubiese sido mi día, trabajaba en un concepto que se alineara con el modelo de escuela que quería crear. La propuesta se debía redactar conforme a las pautas y el formato que exigían. Mi objetivo era desarrollar una propuesta para una escuela secundaria pequeña que fuera exigente a nivel académico e integrara las artes y las ciencias en todas las áreas de contenido. Por fin lo conseguí. La oportunidad que había estado esperando. De inmediato supe que era mi única opción. Tenía que hacerlo. El tiempo entre la solicitud y el proceso de selección era muy breve. En tres meses o menos debíamos formar un equipo que incluyera a educadores, empresarios, padres y miembros de la comunidad, a quienes se invitaría a una reunión para defender la propuesta. Varios aspectos del proceso no estaban claros y había organizaciones y personas que aparentemente contaban con información privilegiada en relación con los responsables de la toma de decisiones y con ventajas políticas que nosotros no teníamos. A pesar de las dificultades evidentes, seguí adelante y preparé al equipo que había reunido con determinación y optimismo.

Aparte de la dificultad de preparar una propuesta que se ajustara a las numerosas directrices, el proceso también estuvo plagado de cuestiones políticas. Se realizó una selección muy subjetiva de los equipos que pasaban a la siguiente fase y los que resultaban rechazados. Años más tarde, un compañero me comentó que el proceso era como el de un concurso de belleza. La experiencia estuvo muy influenciada por aquellos con buenos contactos en la estratosfera sociopolítica. Yo no era una de ellos, pero conocía la política del CSD 10 y a su superintendente, al igual que la política del Bronx. El sindicato de maestros y la Oficina de Nuevas Escuelas también desempeñaron un papel destacado en las decisiones que se tomaron tanto en las sesiones de orientación como en las entrevistas. Se seleccionaron diez solicitudes y equipos de entre cientos de candidaturas que pasaron a la siguiente fase.

Era un proceso competitivo y yo ansiaba tener éxito. Diez años antes había obtenido mi doctorado en Administración Educativa y completado el proceso para obtener la licencia de directora y las credenciales de Administradora Educativa. Aunque, en retrospectiva, debo admitir que en la primera ronda de presentaciones no estábamos preparados. Fue una propuesta apresurada, sin demasiado tiempo entre revisiones que nos permitiera analizar y elaborar un documento redactado con claridad y calidad.

Seguí adelante con el proceso y cumplí meticulosamente con los requisitos. Esto incluía una revisión de la solicitud, entrevistas al equipo y una evaluación de su capacidad, con preguntas aclaratorias seguidas de un período de espera. Después de las entrevistas y de una rúbrica que nunca se proporcionó, nos rechazaron y nos pidieron que volviéramos a presentar nuestra solicitud cuando se reabriera el proceso. Así lo hicimos, pero nuestra propuesta fue rechazada una vez más. La justificación que me proporcionaron no tenía sentido, se basaba en favoritismos políticos, intereses del distrito y otros prejuicios. Estaba tan desconsolada que lloré toda la tarde. Me desanimé mucho, pero a los tres días ya estaba trabajando de nuevo para encontrar una alternativa. Estaba decidida a no dejar que esos rechazos destruyeran la visión que Dios había puesto en mi corazón.

En 2004, todavía muy comprometida con mi visión, invité a las principales partes interesadas de la comunidad y del distrito a visitar un edificio abandonado en Jerome Avenue y West 181st Street, con la idea de que fuera la sede de nuestra escuela. Creía en las posibilidades y esperaba que el DOE pudiera reformar el lugar. Mi entusiasmo pudo parecer poco realista para algunos, en especial cuando visitamos el edificio en ruinas. La superintendente, con una vestimenta impecable, podría haber cuestionado mi criterio, pero se mantuvo cortés en todo momento

Dado que el distrito tenía problemas de espacio, pensaba: ¿Por qué no utilizar esta estructura? A pesar de su evidente deterioro, imaginaba aulas llenas de actividad. Dos décadas después, cuando lo recuerdo, me doy cuenta de que mi entusiasmo quizá fue prematuro. Sin embargo, todos los desafíos y las incontables reuniones para conseguir apoyo me prepararon para mi siguiente reto: fundar una escuela chárter desde cero. El superpoblado distrito escolar tenía que renovar sus espacios. Aunque mi idea era convertir un edificio en ruinas en aulas, se trataba de un sueño muy ambicioso para aquella época. Me enfrenté a numerosas críticas, pero todo eso me preparó para fundar una escuela chárter.

Una década antes, había defendido mi tesis doctoral en TC. Pero la complejidad de fundar una escuela chárter, con su política educativa y su riguroso escrutinio, no tenía precedentes. Mi experiencia con las políticas del Bronx y las maniobras del CSD 10 me prepararon para los intensos retos que me esperaban con el Departamento de Educación de la Ciudad de Nueva York (NYCDOE) y el NYSED. En un principio, no tenía planes de alejarme del sistema escolar público de Nueva York, ya que allí había comenzado mi trayectoria.

Sin embargo, ahora, cuando reflexiono de manera objetiva veinte años después, tengo claro que el deseo de perseguir mi visión y mi sueño de crear una escuela era demasiado ambicioso para la época. Pero más tarde me di cuenta de que todos los esfuerzos; las numerosas reuniones destinadas conseguir apoyo político para este proyecto y las apelaciones fallidas para su reconsideración, no eran más que contratiempos que me prepararon para el segundo proceso más riguroso en el que me había involucrado de forma voluntaria.

Curiosamente, nunca fue mi intención trabajar fuera del sistema de escuelas públicas de la ciudad de Nueva York. Después de todo, empecé como asistente docente en el sistema escolar en 1977 y comencé a enseñar en 1980, avanzando en mi carrera hasta llegar a ser administradora educativa. Realicé numerosos exámenes con el fin de obtener la calificación necesaria para supervisar al cuerpo docente y dirigir escuelas en el sistema público de educación de la ciudad de Nueva York.

Sin embargo, era consciente de la influencia del sindicato de maestros, que a menudo defendía la mediocridad, lo que afectaba de forma negativa a gran cantidad de estudiantes de color. A pesar de las dificultades, estaba decidida a abrir una escuela chárter que promoviera la excelencia y la inclusión. Mi visión era inquebrantable: una escuela en la que cada estudiante triunfara y pudiera acceder a la universidad. Hacerles frente a los obstáculos fortaleció mi propósito. En 2005, me uní al movimiento de las escuelas chárter y trabajé sin descanso para preparar la solicitud de una escuela que abriría sus puertas en 2006.

Por suerte, estaba claro que cualquier intento de abrir una escuela dentro de la estructura existente iba a estar controlado por el sindicato de maestros que, para empezar, había contribuido en gran medida a la crisis de una educación deficiente de innumerables estudiantes de color en las escuelas públicas de la ciudad de Nueva York. Esta educación deficiente tuvo lugar gracias la política de apoyar y perpetuar la mediocridad entre los maestros, que contaban con la protección total de la UFT, lo que hacía casi imposible que cualquier educador o administrador con visión de excelencia pudiera reemplazarlos para brindar una educación de alta calidad. Mi trayectoria personal como activista y defensora de los derechos civiles y humanos, en coalición con numerosos líderes sindicales en las décadas de 1980 y 1990 para oponernos a las políticas represivas y racistas contra los inmigrantes, y a la legislación que imponía el inglés como único idioma oficial en aquel momento, se convirtió en una especie de paradoja, ya que desde 1983 había colaborado codo con codo con los líderes sindicales en toda una serie de temas educativos, políticas migratorias retrógradas y leyes que exigían el uso exclusivo del inglés. Trabajé en estrecha colaboración con líderes del Consejo del Distrito (DC) 37, el DC 65 de Trabajadores Automotrices Unidos (UAW), el sindicato 1199 y el Consejo Laboral para el Avance Latinoamericano (LCLAA). Sin embargo, desde mi punto de vista, la UFT, de la cual era miembro y pagaba las cuotas, era un mundo completamente distinto, con prácticas y antecedentes cuestionables, donde resultaba casi imposible despedir a un maestro de bajo desempeño que no brindaba una educación adecuada a los niños de color que vivían en la pobreza. Desarrollar y mejorar la práctica de un maestro sin intromisiones es algo inaudito. Es innegable que los maestros representan la primera línea de defensa de nuestro sistema escolar y merecen aumentos salariales y un trato justo. Sin embargo, ¿tiene sentido equipararlos con los trabajadores no manuales? Históricamente, los líderes sindicales existen para proteger los derechos de sus "trabajadores", ya que muchos de ellos están sometidos a condiciones de explotación y merecen, con razón, salarios dignos y prestaciones sanitarias. No obstante, la realidad es que los maestros recién incorporados ganan sueldos muy por encima del salario estándar de la mayoría de los trabajadores representados por los sindicatos tradicionales.[50] Además, los maestros de las escuelas públicas de la ciudad de Nueva York trabajan diez meses al año, cuentan con vacaciones de verano con una buena remuneración, disponen de días festivos pagos a lo largo del año y cobran sueldos anuales a partir de 75 000 dólares. En cambio, en la mayoría de las escuelas chárter que no están sindicalizadas, a los maestros se los recompensa por su excelente desempeño, se los trata como profesionales y se los respeta por su dedicación, al tiempo que reciben un salario competitivo y aumentos salariales.

Este abordaje inadecuado respecto al desempeño de los estudiantes existe aún hoy en numerosas escuelas del distrito escolar público de la ciudad de Nueva York. Las consecuencias del uso de métodos deficientes en la

50 Jerald E. Podair, *The Strike that Changed New York. Blacks, Whites, and the Ocean Hill-Brownsville Crisis* (New Haven: Yale University Press, 2002).

enseñanza y el aprendizaje se reflejan de forma sistemática en los deficientes resultados académicos de los estudiantes latinos, afroamericanos, del sudeste asiático y caribeños en los cinco distritos.

Aunque sabía que un retraso no significaba un rechazo, tenía una visión más amplia que no podía ceder. Tal vez nunca habría considerado la posibilidad de abrir una escuela chárter si el sistema hubiese mostrado una mayor predisposición a la diversidad, la equidad y la inclusión, y le hubiese dado lugar a una líder latina con carácter, franca y visionaria. Me entusiasmaba la idea de crear una escuela que aspirara a la excelencia, donde el fracaso no fuera una opción y en la que todos los estudiantes obtuvieran buenos resultados, se graduaran a tiempo y estuvieran preparados para la universidad. ¡Nada podía detenerme! Hubo mucha gente que se opuso a mi forma de pensar y a mi estilo de liderazgo. La osadía de mi idea, en la que creía que podía hacer un mejor trabajo que el sistema educativo de ese momento, desconcertó y enfureció a muchos líderes y autoridades educativas. Al final, todo salió bien y los obstáculos se convirtieron en oportunidades. Solo unos años más tarde, en 2005, decidí que aprovecharía al máximo las oportunidades que ofrecía el polémico movimiento de las escuelas chárter. Así que me dispuse a trabajar con diligencia en la solicitud para fundar una escuela chárter que abriría sus puertas el 11 de septiembre de 2006.

THE LIBRARY OF COLUMBIA UNIVERSITY

CAPÍTULO 13

LAS POLÍTICAS PARA CREAR UNA ESCUELA CHÁRTER EN LA CIUDAD DE NUEVA YORK

> "La educación es la única industria multimillonaria que tolera el fracaso absoluto".
>
> **—GEOFFREY CANADA**

Según Sparks (2021),[51] el movimiento de las escuelas chárter ganó fuerza en ambos lados del espectro político a finales de la década de 1980 y principios de la de 1990, momento en el que se llegó al consenso sobre el fracaso de las escuelas públicas estadounidenses. El 26 de agosto de 1981, el secretario de Educación, T. H. Bell, creó la Comisión Nacional de Excelencia en la Educación, con el objetivo de examinar la calidad de la educación en Estados Unidos y elaborar un informe para presentar al país y a él en un plazo de dieciocho meses a partir de su primera reunión. En *A Nation at Risk* (1983)[52], se presentaron pruebas del declive en el desempeño de los estudiantes y se planteó que esta situación no solo era perjudicial para ellos y sus familias, sino también para

---

51 Daniel Sparks, *School Board Privatization: A Case Study of New York City Charter Schools* (New York: Columbia University, 2021).

52 Departamento de Educación de los Estados Unidos, *The Nation at Risk: The Imperative of Educational Reform* (1983).

la competitividad económica de Estados Unidos en la economía global. Las nociones fundamentales de la libre elección de escuelas seguían siendo parte integral de la estrategia de reforma educativa de las administraciones de Reagan y Bush: ampliar la libertad de elección y competencia, promover la descentralización y fortalecer la participación del sector privado.

En 2004, el alcalde de la ciudad de Nueva York, Michael Bloomberg, asumió el control del sistema escolar público. Era multimillonario, filántropo y un fiel defensor de las escuelas autónomas. Nombró a un antiguo abogado, Joel Klein,[53] como canciller del sistema escolar más grande del país,[54] para que dirigiera el NYCDOE y colaborara con organizaciones y personas interesadas en la creación de diez escuelas chárter adicionales. Ya funcionaban 190 escuelas chárter en la ciudad de Nueva York. Todos los interesados en crear una escuela chárter debían participar en numerosas sesiones informativas organizadas en el Centro de Escuelas Chárter de la Ciudad de Nueva York, en colaboración con el NYCDOE.

Si alguien tenía suerte y lograba superar el laberinto burocrático y los obstáculos colocados de forma estratégica en cada paso del proceso, todavía debía obtener la aprobación del NYCDOE y del NYSED. Las salas de conferencias estaban repletas de representantes de los distintos grupos de autorización y organizaciones de defensa de las escuelas chárter. Además, había una gran cantidad de educadores y administradores apasionados, entusiastas y motivados, representantes de diversas organizaciones de toda la ciudad, dispuestos a trabajar más duro que nunca para competir por una de las últimas plazas de las escuelas chárter que se otorgarían.

Todos los solicitantes tenían algo en común que iba más allá del idealismo: el deseo de participar y comprometerse en iniciativas emprendedoras innovadoras y de gran impacto que ofrecieran una alternativa viable al fallido sistema de escuelas públicas de la ciudad de Nueva York, que seguía privando

53 Joel Klein, *Lessons of Hope: How to Fix Our Schools* (Harper, 2014).

54 Ibid.

de derechos a los niños pobres de color. Las escuelas públicas les estaban fallando a los estudiantes y a la nación. Lo que comenzó como una idea audaz y un experimento hace veinticinco años, sin duda les abrió el camino a los educadores y a los visionarios para crear escuelas autónomas con la posibilidad de diseñar programas académicos, controlar los presupuestos y las finanzas escolares, y con la capacidad de contratar a sus propios maestros y convertirse en su propio distrito escolar y agencias educativas locales (LEA).

Ember Reichgott Junge[55] fue la senadora del estado de Minnesota que redactó la ley. En el 105.º Congreso de la Cámara de Representantes de los Estados Unidos se presentó el proyecto de ley HR 2616 para enmendar la Ley de Educación Primaria y Secundaria de 1965 con el fin de crear una legislación sobre las escuelas chárter, y se aprobó con el apoyo del Senado de los Estados Unidos. Poco después, se promulgó la Ley de Escuelas Chárter del Estado de Nueva York. El movimiento de las escuelas chárter, que ya había causado un gran revuelo en todo el país, desafió al monopolio y a la influencia de la Federación Estadounidense de Maestros en Nueva York, ya que estas instituciones podrían funcionar sin estructuras de negociación colectiva.

En un principio, se propuso este movimiento como parte de una estrategia más amplia de reforma educativa nacional y plataforma de lanzamiento para un sistema de cupones que los padres pudieran utilizar a fin de pagar la matrícula en instituciones privadas y religiosas. En 1998, esta iniciativa recibió un gran apoyo por parte de los conservadores republicanos. Esto hizo que las escuelas chárter fueran consideradas desde el principio como una iniciativa bipartidista muy controvertida.[56] Hoy, veinticinco años después, más de doscientas escuelas chárter funcionan con éxito en el estado de Nueva York. A pesar del enorme éxito que tienen las escuelas chárter y pese a que son escuelas públicas que solo reciben el 80 % de la financiación en comparación

55 Reichgott Junge, *Embertt. Zero Chance of Passage: The Pioneering Charter School Story.* (Edina: Beaver's Pond Press, 2012).

56 H.R.2616 - Charter School Expansion Act of 1998, https://www.congress.gov/bill/105th-congress/house-bill/2616/.

con los distritos escolares públicos de la ciudad de Nueva York, la oposición sigue describiéndolas de forma errónea como un intento por privatizar la educación y una conspiración para desviar fondos del sistema escolar público.

El Centro de Escuelas Chárter de la ciudad de Nueva York se fundó en 2004 y recibió el financiamiento de tres fundaciones, Tiger Fund, Robin Hood y Pumpkin Foundation, que se comprometieron a aportar 140 millones de dólares para promover el desarrollo de las escuelas chárter. El entonces canciller, Joel Klein, formaba parte de su junta directiva. Asistí a una reunión celebrada en el centro para revisar los requisitos y el proceso de solicitud necesarios para abrir una escuela chárter en el estado de Nueva York. Asistieron representantes de las tres entidades autorizadas, entre las que se encontraban NYCDOE, NYSED y SUNY CSI.

En la sala de conferencias había unos cuarenta aspirantes a administradores de escuelas chárter. Presté atención a cada palabra y tomé gran cantidad de notas. Me emocionaba pensar que esta podría ser realmente la oportunidad que estaba esperando para crear una escuela secundaria chárter con una misión y un propósito definidos, que se centrara en proporcionar a los estudiantes inmigrantes de primera generación una educación rigurosa a nivel académico que los preparara para la universidad. El movimiento de las escuelas chárter, aunque controvertido y sin el apoyo de la izquierda progresista o de la mayoría de los demócratas, ofrecía a personas como yo la posibilidad de crear una escuela independiente y autónoma del sistema escolar público. Yo no era ni republicana ni conservadora, pero participaba de forma activa en causas sociales progresistas y actividades comunitarias. Además, recibí gran influencia tanto de líderes comunitarios de izquierda con valores socialistas, como de pensadores independientes con ideales revolucionarios.

A pesar de que parecía que me estaba "vendiendo" a lo que se consideraba una conspiración conservadora de derecha, sabía que era la única manera de avanzar. Tenía que hacer caso omiso de esas voces, ya que la idea de crear una escuela chárter era una opción brillante y viable para quienes, como yo, querían influir en el cambio de la educación que recibían los niños negros y latinos. Era una oportunidad única para ofrecer una alternativa a los padres, con la promesa de una educación rigurosa y de alta calidad para sus hijos, con el objetivo de aspirar a una enseñanza superior. Este concepto ofrecía numerosas posibilidades para crear una escuela arraigada en la comunidad que contara con el apoyo y las aportaciones de los padres.

TONY LÓPEZ

Tony López y yo nos conocimos a mediados de la década de 1980, cuando ambos éramos activistas y voluntarios en el NCPRR. Recién a finales de la década de 1990 nos dimos cuenta de que éramos almas gemelas y comenzamos nuestra relación después de un encuentro casual en Puerto Rico. Llevamos felizmente casados desde 2001 y seguimos trabajando en una misión común y con un propósito definido, prestando servicio a la comunidad para proporcionar una educación equitativa a los niños de color. Tony suele recordar su relación con Joe Reich, una figura importante en la historia del movimiento de las escuelas chárter en la ciudad de Nueva York:

> *Conocí a Joe y Carol Reich en El Puente, en Williamsburg, Brooklyn, en septiembre de 1987, durante mi primer mes como director de Servicios de Apoyo en Nueva York de la fundación nacional "I Have a Dream" del filántropo Eugene Lang. Joe y Carol se sumaron a otras*

diez parejas casadas para patrocinar a todo un grupo de estudiantes que estaban por terminar la escuela primaria, brindándoles becas que les permitían continuar con sus estudios al menos hasta la escuela secundaria y, tal vez, hasta la universidad. Su patrocinio de IHAD fue el primer proyecto que apoyé a lo largo de los cinco años que me llevó convertirme en el primer director ejecutivo de la ciudad de Nueva York, cuando tenía poco más de veinte años. El año anterior, participé en la seguridad de la Marcha contra el Muro del Congreso Nacional por los Derechos de los Puertorriqueños, una protesta contra la aquiescencia de la NYBOE al acuerdo de la comunidad jasídica de Williamsburg de separar a los niños negros y latinos de los niños jasídicos en la Escuela Pública 16.

Catorce años después, Joe, Carol y yo volveríamos a encontrarnos. Desde que conocí a Elaine, su sueño siempre fue crear una escuela. Luego de tres intentos fallidos por crear una a través de la antigua NYCBOE, un día llegó a casa con un folleto del recién creado Centro para la Excelencia de las Escuelas Chárter de la ciudad de Nueva York, en el que se anunciaba una convocatoria para crear una escuela chárter conforme al mandato del nuevo alcalde, quien ahora controlaba el sistema de escuelas públicas de la ciudad, el NYDOE. Aunque al principio me mostré escéptico, revisé el folleto y vi que Joe Reich era el presidente de esta nueva organización. Me comuniqué con él y programé una reunión. Después de saludar a Carol, me reuní con Joe y le manifesté: ""Estoy acá para cumplir con mi función de buen esposo. Mi esposa tiene el sueño de crear una escuela y yo quiero apoyarla, por lo que necesito su ayuda". El resto es historia.

JOE Y CAROL REICH

En 2012, Joe y Carol Reich publicaron *Getting to Bartlett Street*[57]**, un libro que cuenta la historia de cómo se embarcaron en la aventura de crear una**

57 Joe Reich y Carol Reich, "Getting to Bartlett Street: our 25 year quest to level the playing field in education," 2012, https://ssir.org/books/excerpts/entry/getting_to_bartlett_street_our_25_year_quest_to_level_the_playing_field_in#.

escuela chárter en Nueva York. En la sección "New Way Forward: Charter Schools", Carol Reich escribe:

> *"Nadie se esperaba que fuera fácil [CE1] aprobar la ley de escuelas chárter del estado de Nueva York, como nos explicaría más tarde el gobernador Pataki. Casi nadie en la legislatura estatal estaba de su lado. Según nos contó, a los republicanos no les gustaba la idea, porque estaban más enfocados en conseguir fondos adicionales para los distritos escolares suburbanos que representaban. Mientras que los demócratas la rechazaban porque la mayor parte de su apoyo financiero procedía de los sindicatos de maestros. A los sindicatos de maestros no les agradaba porque amenazaba su statu quo de las escuelas públicas convencionales. La titularidad se concede a prácticamente todos los maestros y es muy poco común que se despida a uno que lleva 10 años en el cargo. Además, los maestros tienen muy pocos incentivos económicos para esforzarse más de lo necesario, ya que los contratos sindicales prohíben los pagos por incentivos. Por otra parte, muy pocas escuelas públicas cierran por un rendimiento o una gestión deficientes. Las escuelas chárter revolucionan todas estas ideas. Si una escuela chárter no alcanza los objetivos establecidos en sus estatutos, puede cerrar. De hecho, esto ocurre con bastante frecuencia. Se puede despedir a los maestros o administradores si no desempeñan su trabajo como corresponde. Por lo tanto, no era de extrañar que la propuesta de Pataki se encontrara con una fuerte oposición en Albany. Los demócratas, que controlaban la legislatura estatal, se unieron al sindicato de maestros y a los administradores escolares para defender el statu quo y rechazaron la ley de Pataki sobre las escuelas chárter. Sin embargo, Pataki no estaba dispuesto a rendirse, y a Joe y a mí nos resultó entretenido ver los esfuerzos del gobernador por llegar a un acuerdo con los demócratas en diciembre. No podría haber sido más descarado. Los legisladores habían dedicado demasiado tiempo y esfuerzo a elaborar una ley para aumentar sus salarios de 59 500 a 79 500 dólares el 1 de enero de 1999. Si el aumento salarial no se aprobaba en diciembre de 1998, los legisladores no podrían recibirlo hasta dentro de dos años. Pataki dejó claro que estaba dispuesto a vetar el aumento salarial a menos que, por supuesto, se llegara a un acuerdo. Por descarado que pudiera parecer, aprendimos que así es como se*

hacen las cosas en Nueva York. Al final, el salario de los legisladores se incrementó a 79 500 dólares y los niños de Nueva York se vieron beneficiados con la ley sobre escuelas chárter que permitía la creación de 100 instituciones de este tipo".

LOS LÍDERES LATINOS Y EL MOVIMIENTO DE LAS ESCUELAS CHÁRTER

Cuando solicitamos la creación de nuestra escuela chárter, solo había unas pocas instituciones de este tipo dirigidas por educadores latinos y organizaciones comunitarias. Entre ellas se encontraba una escuela chárter fundada por el Dr. Raymond Rivera, obispo fundador del Centro Latino de Acción Pastoral (LPAC) y líder espiritual progresista supervisor del Consejo de Ministerios Holísticos de Nueva York y antiguo organizador de padres de East Harlem. El obispo Rivera es un pastor, teólogo y autor muy respetado, además del líder de los ministerios holísticos y los principios de la teología de la liberación.[58] En 2001, el obispo inauguró Family Life Academy Charter Schools (FLACS) en el suroeste del Bronx, en el CSD 9, una red de escuelas chárter muy exitosa y respetada, integrada por cuatro escuelas del Bronx. Gracias al liderazgo de su esposa, Marilyn Calo, antigua administradora del CSD 4 en East Harlem, la red recibió numerosos reconocimientos a nivel nacional.

Por otro lado, debemos mencionar a la escuela Amber Charter School, creada en 2000 por la Asociación Comunitaria de Dominicanos Progresistas (ACDP), cuyo fundador fue Guillermo Linares. Junto a Guillermo se encontraba Luis Miranda, un joven y carismático líder comunitario dominicano de Washington Heights,[59] quien en las décadas de 1980 y 1990 organizó a los padres para que se inscribieran en el censo electoral y lucharan por la equidad en la educación. Fue el primer miembro de origen latino y

58 Raymond Rivera, *Set the Captives Free* (New York: Knopf, 2023).

59

descendencia dominicana de la junta escolar comunitaria en ser elegido para el CSD 6, un distrito que históricamente había tenido una junta en mayoría blanca en una comunidad en la que la población inmigrante crecía de forma constante. Guillermo aspiraba a dedicarse a la política y con el tiempo se convirtió en el primer dominicano elegido para un cargo público en la ciudad de Nueva York y, luego, en la Asamblea del Estado de Nueva York. Hoy en día, Amber tiene uno de los modelos más exitosos de la comunidad, con tres escuelas en East Harlem, Kingsbridge e Inwood.

Reunión del Comité de Planificación: El Dr. Guillermo Linares y el Dr. Ruíz López fotografiados junto a Luis Garden Acosta, antiguo miembro del YLP y fundador de El Puente.

> Es importante mencionar que Guillermo fue uno de mis primeros mentores en la organización comunitaria y la política educativa. Nos conocimos en la IS 184 cuando yo era maestra asistente de educación bilingüe mientras estudiaba en la CCNY en 1978. Él me alentó a participar en un panel que había organizado sobre la educación bilingüe y el impacto que tendrían los recortes presupuestarios en los programas de preparación de maestros, como el BPS, del que yo formaba parte. Fue mi primera presentación en un panel y mi introducción a la organización comunitaria y el activismo.

EL CENTRO PARA LA EXCELENCIA DE LAS ESCUELAS CHÁRTER DE LA CIUDAD DE NUEVA YORK

En 2005, solicité al Centro para la Excelencia de las Escuelas Chárter de la ciudad de Nueva York una beca de planificación de 30 000 dólares y la oportunidad de trabajar en sus oficinas durante un año. Esto significaba que tendría acceso a un cubículo y un teléfono, además de la oportunidad de participar en talleres y reuniones de asistencia técnica sobre todas las áreas financieras, de gobernanza y empresariales relacionadas con el funcionamiento de una escuela chárter. Esta oportunidad me permitió vivir una experiencia única al colaborar con colegas que también competían por conseguir una de las pocas plazas disponibles. La subvención inicial ayudaría a cubrir los gastos relacionados con diversos aspectos de la creación de una escuela chárter. Sus oficinas estaban en la zona de Wall Street, en 111 Broadway, en Trinity Place. Recuerdo bien el trayecto diario al trabajo, un estresante viaje en auto desde el noroeste del Bronx hasta el bajo Manhattan con mucho tráfico, que a veces duraba más de una hora por recorrido, y las vueltas interminables que daba para encontrar estacionamiento en un gran estacionamiento municipal. Pero era un pequeño sacrificio para alcanzar mi sueño.

En otoño de 2004, comencé a escribir y presenté la primera solicitud ante el NYCDOE, junto con las copias de varias carpetas que envié por FEDEX a las oficinas del NYSED en Albany, Nueva York. Se esperaba que participáramos en el agotador proceso de redactar ocho secciones en la solicitud, en las que se incluían un resumen ejecutivo, una filosofía educativa, el programa académico, las evaluaciones propuestas, un plan de contratación de personal, una sección dedicada a la gestión, los estatutos, un plan financiero y un presupuesto detallado del primer año. Una vez completada la solicitud, las instrucciones de presentación exigían la preparación de cinco copias del expediente con alrededor de quinientas páginas de documentos cada una, sin contar los anexos con las correspondencias de los planes de estudios, lo que hoy conocemos como mapas curriculares, para cada área de contenido, garantías firmadas y currículums de los miembros del equipo de planificación que más tarde se convertirían en miembros de la junta directiva.

La solicitud se revisó y volvió a presentar al menos tres veces, pero en cada ocasión los responsables de la aprobación, tanto del DOE como del NYSED, encontraban algo que no les gustaba. En lugar de simplemente solicitar que se volviera a presentar esa sección o página, me pedían que enviara de nuevo todas las carpetas. Estaba agotada física y mentalmente, y me costaba creer que me hicieran una petición así. Era evidente que el objetivo de esta negativa era desanimar a los solicitantes para que se retiraran los más débiles. Sin embargo, yo fui persistente; el fracaso no era una opción para mí. Era una prueba de perseverancia, así que seguí las instrucciones al pie de la letra y continué enviando las carpetas que me pedían. Después de la segunda vez quedó claro que no había un esfuerzo de buena fe por facilitar el proceso y que, por el contrario, parecía estar diseñado para que resulte difícil de manera intencionada.

Las personalidades de las personas que trabajaban en la división del NYSED en la que se recibían, revisaban y leían estas solicitudes no eran menos problemáticas. Los gastos de hacer copias en una tienda Kinkos local en Manhattan eran elevados y los pagaba de mi bolsillo. La recopilación y clasificación de los materiales llevaba bastante tiempo, y repetir las mismas tareas una y otra vez era muy frustrante. No tenía asistente, así que a menudo me encontraba trabajando sola hasta altas horas de la noche en la oficina que había instalado en la mesa de mi sala. Esta experiencia fue mucho más estresante, tanto mental como emocionalmente, que el trabajo que me supuso terminar mi tesis y defenderla.

Esta situación era diferente debido a los múltiples juegos políticos y a los distintos niveles de dinámicas maquiavélicas que eran evidentes para quienes prestaban atención. Juegos de guerra políticos que llevaban a cabo múltiples actores malintencionados del DOE, tecnócratas del NYSED y la dinámica del Centro de Escuelas Chárter de la ciudad de Nueva York. Existía una coalición de guardianes que intentaban de manera activa impedir que nuestro producto llegara a manos del comisionado y la Junta de Regentes del estado de Nueva York. Mi esposo Tony, que trabajaba en el Centro para la Excelencia de las Escuelas Chárter de la ciudad de Nueva York como vicepresidente de Liderazgo, se mantuvo neutral durante todo el proceso y se abstuvo de participar en cualquier conversación relacionada con nuestra propuesta, Sin embargo, se hartó de observar el abuso desde fuera y decidió intervenir para ayudar con la política del proceso y defender nuestra solicitud por sus méritos y el hecho de que la habíamos presentado en varias ocasiones, mientras que se aceptaban otras solicitudes de menor calidad. Ambos estábamos comprometidos con presentar un producto exitoso que fuera aprobado. Al parecer, nuestra solicitud estaba en la mira y no era bien recibida. Todo el tiempo nos enfrentábamos a decisiones importantes, pero Tony y yo coincidimos en que no podía rendirme.

Después de dos años consecutivos de trabajar en la solicitud durante las vacaciones de Acción de Gracias y Navidad, perfeccionar las secciones, soportar dos cartas de rechazo acompañadas de solicitudes para volver a presentar tres solicitudes completas varias veces, asistir a dos entrevistas con el panel del NYCDOE e involucrar a los líderes de la comunidad para que abogaran por nuestra solicitud, finalmente obtuvimos la aprobación para pasar a la siguiente ronda de recomendaciones ante el NYSED en otoño de 2005. Se rumoreaba que, si teníamos éxito y se aceptaba nuestra solicitud en esta fase del proceso, nuestro proyecto de escuela chárter sería recomendado como uno de los diez que la Junta de Regentes del Estado de Nueva York podría revisar y someter a votación.

COMPETICIÓN POR LA ÚLTIMA PLAZA PARA UNA ESCUELA CHÁRTER: ENERO DE 2006

El 31 de octubre de 2005, la Oficina de Cartera de Escuelas del NYCDOE envió una carta a la excomisionada, la Dra. Sheila Evans-Tranumn, que comenzaba así: "Me complace enviarle la aprobación de la solicitud para la creación de la escuela chárter International Leadership Charter School...".

La carta provenía del despacho del canciller Klein e incluía un acuerdo para la creación de la escuela chárter que debía firmar. Estaba eufórica, pero con un optimismo cauteloso. ¿De verdad estaba sucediendo esto? Después de dos años y medio de insistencia, ¡mi visión de la primera escuela secundaria chárter en el Bronx finalmente se haría realidad! Estábamos progresando. Sin embargo, todavía quedaba un paso más. La oficina del Comisionado del estado de Nueva York tenía que presentar una recomendación oficial a la Junta de Regentes para su votación. Fue aquí donde el proceso se volvió más complicado. ¡Ahora sí que nadaba entre tiburones!

A medida que se acercaba la fecha límite de diciembre para tomar una decisión, había mucha ansiedad, además de estrategias políticas y guerras encubiertas detrás de escena. Un amigo y respetado activista comunitario y defensor de la justicia social me recordó que lo que sí teníamos era capital social. Me recordó que, como maestra, antigua organizadora y activista, si bien no contaba con los recursos económicos, tenía todo el apoyo de la gente de mi comunidad, que me respaldaba en esta iniciativa. Cambié mi perspectiva para centrarme en informar a los padres y a la futura comunidad escolar sobre la misión, la visión y el proceso para obtener la aprobación de la Junta de Regentes del Estado de Nueva York y sobre los beneficios educativos que este entorno de aprendizaje orientado a la preparación universitaria aportaría a los jóvenes en edad de escuela secundaria. Mi amigo y mentor, el activista político Luis Garden Acosta, tenía razón: yo era oriunda del Bronx y tenía valores sólidos como maestra. Continuó diciendo que yo tenía más credibilidad ante la comunidad de padres que quienes tenían directivas vinculadas a fundaciones

DEPARTAMENTO DE EDUCACIÓN DE LA CIUDAD DE NUEVA YORK
JOEL I. KLEIN *Canciller*

OFICINA DE NUEVAS ESCUELAS
52 Chambers Street, oficina 405, Nueva York, NY 10007
Teléfono: 212-374-5419 Fax: 212-374-5581

31 de octubre de 2005

Sra. Shelia Evans-Tranumn
Comisionada asociada
Departamento de Educación del Estado de Nueva York
55 Hanson Place, oficina 400
Brooklyn, NY 11217

Asunto: International Leadership Charter School

Estimada comisionada Evans-Tranumn:

Me complace enviarle la solicitud aprobada para la escuela International Leadership Charter School.

El 1 de septiembre de 2005, el Departamento de Educación de la Ciudad de Nueva York ("NYCDOE") recibió la propuesta adjunta de Elaine Ruíz-López, solicitante principal de la escuela International Leadership Charter School. El NYCDOE examinó esta solicitud de manera rigurosa y exhaustiva. La revisión incluyó un análisis detallado del programa educativo, el plan de negocios y la estructura de gestión de la escuela propuestos, realizado por un equipo de personal del NYCDOE, junto con expertos en escuelas chárter. Además, la participación de un representante del Departamento de Educación del Estado aportó una perspectiva important una mayor coherencia a nuestras deliberaciones.

Conforme al análisis de la propuesta y las modificaciones solicitadas, el NYCDOE considera lo siguiente:

a. Esta escuela chárter propuesta cumple con los requisitos establecidos en la Ley de Escuelas Charter d Nueva York (Artículo 56 de la Ley de Educación Consolidada del Estado de Nueva York) y otras leyes, normas y reglamentos aplicables.

b. La solicitante demostró su capacidad para administrar la escuela chárter propuesta de manera eficiente desde el punto de vista educativo y financiero.

c. Es probable que la autorización de la solicitud mejore el aprendizaje y el rendimiento de los estudiantes contribuya de manera significativa a los objetivos del Artículo 56, Sección 2850(2).

El 31 de octubre de 2005, el canciller Klein aprobó esta solicitud y le entregó a Elaine Ruíz-López un acuerdo chárter firmado. Elaine Ruíz-López firmó este acuerdo chárter propuesto y, de conformidad con la Sección 2852 de la Ley de Escuelas Charter, el NYCDOE presentó a la Junta Estatal de Regentes, para su aprobación y emisi final, una copia del acuerdo chárter propuesto para la escuela International Leadership Charter School y la solicit aprobada de la escuela.

En cumplimiento con las instrucciones de su oficina, se envían dos copias a Lisa Long y seis copias a Carol Wallace. Agradezco su atención a este tema y no dude en comunicarse conmigo si tiene alguna pregunta al respecto.

Atentamente,

M. Ashton

Mashea M. Ashton
Directora ejecutiva, Oficina de Escuelas Charter

y empresas. Seguimos su consejo y procedimos con confianza. El personal de la oficina de escuelas chárter del DOE, en consulta con el Centro de Escuelas Chárter de la ciudad de Nueva York, tomaba las decisiones. Tenían la autoridad para decidir qué solicitudes pasarían a la siguiente fase. Los grupos con mayor influencia eran aquellos con juntas directivas de grandes recursos económicos y vinculadas a fundaciones y dinero para invertir desde el principio.

Tenía cincuenta años y ya había dedicado más de la mitad de mi vida a luchar junto a líderes comunitarios para promover mejoras y reformas en el sistema escolar. El apoyo a nuestra escuela secundaria provino en su mayor parte de la voluntad de los padres y la comunidad, quienes firmaron peticiones para justificar la necesidad de nuestra escuela chárter. La comunidad estaba lista para un cambio y una alternativa a las escuelas secundarias deficientes del CSD 10. Los dieciocho grupos que presentaron solicitudes presionaron a los representantes de la ciudad y del estado, a los organismos autorizadores, a la Junta de Regentes del Estado de Nueva York y a los que estaban en el poder para obtener una de las diez codiciadas autorizaciones que quedaban por conceder en el estado de Nueva York.

Nuestro comité de planificación estaba conformado por un maestro, un banquero y empresario, un exdirector ejecutivo de una organización comunitaria que dirigía un programa alternativo de secundaria, un director de programas internacionales en la YMCA, un padre y yo. Nos reunimos en numerosas ocasiones y nos preparamos para la entrevista a fin de familiarizarnos con las preguntas y la forma de responder a los desafíos a los que nos enfrentaríamos al iniciar una nueva escuela secundaria chárter para los jóvenes del Bronx (inmigrantes de primera generación, pobres y en situación de desventaja económica) y ofrecerles la oportunidad de escapar de las escuelas secundarias deficientes. Éramos conscientes de que teníamos que luchar por esta plaza chárter, ya que había mucho en juego.

Como mujer puertorriqueña, mi experiencia me enseñó que siempre tengo que trabajar más duro que los hombres blancos privilegiados. Este proceso hizo visible la inequidad y el favoritismo. El equipo de la Oficina del Canciller de Escuelas Chárter de la ciudad de Nueva York decidió que yo no me adaptaba al perfil de líder escolar con el que podían "trabajar", ni tenía lo necesario para establecer el funcionamiento de una institución y dirigir con éxito una escuela chárter. Formamos parte del proceso durante algunos años y, finalmente, los responsables de la toma de decisiones se dieron cuenta de nuestra pasión, nuestro empuje, nuestra resistencia y nuestro compromiso con la comunidad del Bronx a la que queríamos servir. ¡No íbamos a aceptar un no por respuesta!

Al final, tener que escribir, presentar, revisar y volver a enviar secciones de nuestra solicitud varias veces resultó ser beneficioso. Como resultado, obtuvimos un producto de alta calidad y un diseño bien elaborado, que le permitió a nuestra escuela chárter superar tres renovaciones en los últimos dieciocho años. Incluso desde el principio, estaba convencida de que teníamos ventaja sobre las demás solicitudes presentadas. Aunque no era un criterio determinante en el proceso, algunos de los principales solicitantes no eran docentes, pero disponían de una sólida trayectoria profesional. Sin embargo, nunca habían supervisado a profesores, dirigido una escuela ni estaban familiarizados con los planes de estudio, la enseñanza y el aprendizaje. ¿Esos antecedentes serían suficientes para quienes tomaban las decisiones?

Lo que pasó después no debería haberme sorprendido, ya que en cada instancia intentaban bloquear la creación de nuestra escuela chárter. A pesar de que recibimos una carta de la oficina de escuelas chárter en la que nos informaban que se había realizado una recomendación al SED para que la Junta de Regentes del Estado de Nueva York procediera a la votación, poco después, en plena época de Navidad, la oficina de escuelas chárter del DOE puso en marcha un plan agresivo y específico para revocar la recomendación. Quedó claro que las personas que impedían que nuestro proyecto prosperara eran los dirigentes del Centro de Escuelas Chárter de la ciudad de Nueva York de entonces, el personal de la Oficina de Escuelas Chárter del DOE y los tecnócratas sobrepagados del SED, que aún no habían renunciado a su plan sesgado de impedirnos establecer la primera escuela secundaria chárter en el Bronx.

Nos vimos acorralados por todos lados, pero esta vez estábamos preparados para enfrentarlos. Teníamos poco dinero, pero mucho capital social. Nos respaldaban nuestras calificaciones, nuestra trayectoria laboral y nuestra reputación en la defensa de los derechos civiles de los marginados para que tuvieran acceso a una educación de calidad. Nuestro activismo y trabajo por la educación nos brindaron credibilidad ante la comunidad y algunos de los líderes políticos latinos influyentes. Durante tres años dedicamos un trabajo exhaustivo a esta solicitud, cumplimos con rigurosidad el proceso, escribimos y reescribimos, e incorporamos las recomendaciones que eran solo para entretenernos y arruinar nuestros planes. En enero de 2006, cuando se acababa el tiempo, supimos que era nuestra última oportunidad y necesitábamos apoyo político de manera urgente.

Todo el mérito le corresponde a mi marido Tony, mi cofundador silencioso, que se encargó de llamar por teléfono a todos nuestros amigos y partes interesadas a nivel estatal, y a una persona que se convirtió en nuestra defensora incondicional en esta lucha (Lorraine Cortez-Vasquez, miembro de la Junta de Regentes del Estado de Nueva York, posteriormente nombrada secretaria del Estado de Nueva York). Esta mujer puertorriqueña, muy conocida y respetada en la política del Bronx, fue directora ejecutiva de ASPIRA entre 1992 y 1996. Contrató a Tony como su subdirector ejecutivo. Cuando Lorraine decidió dedicarse a la política y a la administración pública en 1996, mi esposo se convirtió en el nuevo director ejecutivo de la organización. En la actualidad, Lorraine Cortez Vasquez es la comisionada del estado de Nueva York para el Departamento de la Tercera Edad.

Lorraine Cortez-Vasquez

Tony estaba harto y dispuesto a denunciar la corrupción y arbitrariedad del proceso de solicitud de escuelas chárter dirigido por el DOE y el SED, quienes nos devolvieron nuestra solicitud con ochenta y ocho preguntas para aclarar. Una vez que lo hicimos, nos enviaron cuarenta y cuatro más, luego veintidós y, el fin de semana antes de la votación, una pregunta más a la que ya habíamos respondido como parte de las ochenta y ocho iniciales.

La discriminación del proceso era evidente para todos. ¿Quién decide cómo y a través de quién se educa a nuestros hijos? La mayoría de los solicitantes eran blancos, mientras que yo era una de las dos candidatas principales de color. Muchos de los grupos contaban con abogados en sus juntas directivas que tenían conexiones con personas influyentes, grandes recursos económicos, fuertes vínculos con fundaciones y relaciones con los organismos reguladores y los líderes del centro de escuelas chárter. Por el contrario, nuestro equipo estaba formado por dos educadores, un director, un ejecutivo de una organización sin fines de lucro y un empresario. Nos preparamos para las entrevistas y nos familiarizamos con las preguntas y con la forma de responder a los desafíos a los que nos enfrentaríamos al crear una nueva escuela secundaria chárter para los jóvenes del Bronx, que eran inmigrantes de primera generación, con dificultades económicas y procedentes de escuelas secundarias deficientes. Estaba convencida de que teníamos ventaja sobre las demás solicitudes presentadas.

Aunque no era un criterio determinante en el proceso, algunos de los principales solicitantes no eran docentes y nunca habían supervisado a profesores, dirigido una escuela ni estaban familiarizados con los planes de estudio, la enseñanza y el aprendizaje. Pero ¿acaso eso era suficiente para quienes toman las decisiones? Por eso es tan importante cuidar las relaciones.

CAPÍTULO 14

LA FUNDACIÓN DE LA ESCUELA CHÁRTER: OCHO MESES HASTA LA INAUGURACIÓN

> "Ten cuidado con lo que anhelas de corazón,
> porque seguramente será tuyo".
> **—JAMES BALDWIN**

Ganamos la votación y obtuvimos la autorización oficial de la Junta de Regentes del Estado de Nueva York para seguir adelante y crear una escuela chárter desde la "*nada*" (cero). Teníamos ocho meses a fin de prepararnos para el funcionamiento completo de la escuela chárter, lo que incluía encontrar un espacio para alquilar y trabajar, pintar, renovar, matricular a los estudiantes, comprar muebles, realizar entrevistas, contratar al cuerpo docente, al personal de seguridad y mantenimiento, contratar seguros, comprar libros de texto y materiales escolares, e instalar sistemas de seguridad y líneas telefónicas. Para garantizar el pleno cumplimiento de una administración y supervisión sólidas, también tuvimos que designar y crear un Consejo Directivo.

Todo esto se tuvo que llevar a cabo con recursos financieros limitados y con el 80 % de la asignación destinada a cada estudiante de la escuela pública. Para entonces tenía cincuenta años y llevaba veintinueve trabajando en el campo de la educación, desempeñando diversas funciones, desde maestra y profesora universitaria hasta administradora escolar. Todos los días había una sensación de urgencia e intensidad en las tareas. Nunca había trabajado tan duro ni durante tanto tiempo. Lo curioso es que nunca lo sentí como un trabajo. Era mi vocación y me dedicaba a educar a niños que se parecían a mí y que, en su mayoría, eran del Bronx. Tenían sueños, como yo cuando era niña. Eso avivó aún más mi pasión por proporcionarles las herramientas que necesitaban para tener éxito.

Nuestras opciones eran limitadas e incluso algunos grupos habían conseguido que el DOE les cediera un espacio compartido. Sin embargo, para nosotros esa no era una opción viable. No nos habría permitido crear el tipo de cultura escolar que queríamos, un espacio independiente de las instalaciones de las escuelas públicas de la ciudad de Nueva York. Esto nos evitaría tener que lidiar con la política interna del edificio.

Busqué en toda la zona de influencia el lugar donde queríamos ubicar nuestra escuela chárter y encontré lo que me pareció la oportunidad ideal. Todo iba perfecto hasta que el propietario, que formaba parte de una empresa inmobiliaria con sede en el Bronx, nos pidió que hiciéramos una contribución de 10 000 dólares a la campaña de reelección del presidente del distrito del Bronx en 2005. Cuando nos lo pidieron por segunda vez, nos sentimos muy incómodos y lo consideramos una extorsión. Por suerte, esto nos llevó a cuestionar los posibles problemas que podría acarrear la firma de un contrato de arrendamiento con esta empresa. No contábamos con grandes ingresos disponibles y los fondos que se destinarían provenían de fondos públicos. Una donación de este tipo no solo sería irresponsable, sino también un acto de malversación de fondos públicos. Después de esta extorsión anticuada y de casi un año de compromiso, de asistir a eventos de dudosa reputación y de revisar planes de renovación, rompimos nuestros lazos con ellos.

En abril de 2006, todavía no teníamos ninguna otra alternativa que nos sirviera como lugar de operaciones. Pero entonces, ¡Dios cerró una puerta y abrió una ventana! Después de asistir a un servicio religioso con mi familia, pasamos en auto por el barrio de Marble Heights/Kingsbridge. De repente, vi un anuncio de un local en alquiler en 2900 Exterior Street. ¡Faltaban solo cinco meses para la inauguración! Me comuniqué con el propietario de inmediato y le pedí que me lo mostrara. Era exactamente el espacio que necesitábamos para empezar. Me di cuenta de que Dios velaba por nuestra escuela chárter.

Nos encontramos con varios retos después de alquilar el edificio, comenzando con cuestiones relacionadas con una instalación que teníamos que realizar en la sede escolar. Era responsabilidad de la escuela chárter diseñar y construir un sistema de alarma contra incendios que se comunicara directamente con el departamento de bomberos. Para poder ocupar el espacio como escuela, necesitábamos una exención de zonificación del alcalde para que fuera legal operarla. Después de presentar una solicitud de exención, mantener varias reuniones con la oficina del comisionado adjunto del DOB y de realizar exhaustivas revisiones a nuestros planes de seguridad y evacuación, con la ayuda del vicealcalde Dennis Walcott, recibimos la carta oficial de aprobación de la exención de zonificación de la oficina del alcalde Bloomberg.

Luchamos contra los obstáculos hasta el último minuto. Nuestro Certificado de Ocupación Temporal (TCO) se emitió a último momento, el viernes anterior a la fecha prevista de apertura de la escuela para el lunes 11 de septiembre de 2006. Los innumerables esfuerzos, las reuniones y las noches sin dormir que condujeron a este nuevo comienzo permitieron que el sueño se hiciera realidad. Por fin pudimos comenzar la verdadera labor de crear un entorno de aprendizaje de alta calidad, riguroso a nivel académico y diferente de las escuelas deficientes que nos rodeaban.

Nuestro equipo de cuatro personas siguió trabajando durante los meses de verano, diseñó de forma meticulosa las aulas, pintó las paredes de la escuela con nuestros característicos colores azul cielo y azul marino, equipó las aulas con muebles nuevos, pizarras blancas y pizarras digitales interactivas, escritorios para los maestros, estantes improvisados para la ropa de abrigo y convirtió una antigua sala de computadoras en una cafetería. Encargamos letreros personalizados con el nombre de nuestra escuela para colocarlos en un lugar destacado en el exterior del edificio. ¡Ya estábamos listos para la apertura!

El lunes 11 de septiembre de 2006, se celebró la ceremonia de inauguración y comenzamos a recibir con éxito a los setenta y siete estudiantes de secundaria. Estuvieron presentes nuestros padres, los seis maestros fundadores, los estudiantes, el personal de operaciones y los miembros del Consejo Directivo. Había júbilo en el aire y se podía percibir la emocionante promesa de un cambio. Como representante del Bronx, asistió Lorraine Cortez-Vasquez, secretaria del estado de Nueva York y antigua

Ceremonia de inauguración del nuevo edificio escolar, 2016

miembro de la Junta de Regentes del Estado de Nueva York, nombrada por el antiguo presidente del distrito del Bronx, Adolfo Carrion.

El pilar fundamental de cualquier escuela es su personal. Resulta imprescindible contar con un cuerpo docente altamente calificado y con la preparación adecuada. En el poco tiempo de preparación de las aulas para la inauguración, tuvimos que identificar al personal de operaciones y a los maestros que estarían disponibles para el próximo año escolar. La primera lección que aprendimos fue que nunca se debe contratar a alguien en un momento de desesperación. Al menos cuatro de los seis profesores contratados eran personas que dejaron sus puestos en escuelas del DOE y expresaron su interés en trabajar en una escuela chárter después de conocer las diferencias con respecto a una escuela pública convencional.

Pero estos docentes estaban descontentos y se negaban a cumplir con la responsabilidad que exige un entorno de altas expectativas. Estaban más interesados en crear confusión, involucrar a los estudiantes de manera inapropiada y ejecutar un plan que, al igual que el DOE, buscaba destruirnos antes de que pudiéramos empezar. En lugar de dedicarse a la planificación de las clases, planificaban la interrupción del programa académico. Estas actitudes tóxicas y los niveles de insubordinación generaron un clima de confrontación diaria.

Solo seis meses después de abrir nuestras puertas, en febrero de 2007, se produjo un resultado previsible, aunque inesperado. Empecé a recibir extensos informes del cuerpo docente, quienes al parecer se reunían y elaboraban proyectos para presentar quejas sobre las políticas y prácticas que no les agradaban y deseaban cambiar. Las quejas son la esencia de los sindicatos. Pero como escuela chárter, no estábamos obligados a tener uno. Las quejas eran de todo tipo: desde no tener suficiente tiempo para prepararse o almorzar, hasta tener que cubrir clases cuando un colega faltaba, así como la duración de la jornada escolar, los salarios e, incluso, acusaciones de que yo los acosaba e intimidaba. Comunicarles cuáles eran las expectativas y responsabilidades que se esperaban de ellos comenzó a percibirse como una amenaza, ya que querían hacer lo mínimo sin cumplir con las exigencias de rendimiento. No estaban para nada interesados en contribuir a la misión de crear un ambiente de aprendizaje de alto rendimiento. Comenzaron a comunicarse con miembros de nuestra junta directiva, eludiendo los protocolos que establecían que primero debían compartir sus inquietudes conmigo, como directora de la escuela. Los miembros ejecutivos de mi junta comenzaron a expresar su preocupación por las circunstancias y las acusaciones realizadas por el cuerpo docente.

Varias semanas después, resultó evidente que la conducta poco profesional del personal era resultado de recibir asesoramiento y respaldo de la Oficina de Escuelas Chárter (CSO) del DOE, así como de la UFT, que contrató a maestros mediocres para sabotear nuestra escuela chárter. A pesar de no ser una escuela sindicalizada, pude discernir que este enfoque coincidía con lo que algunos de mis colegas más sabios y experimentados describían como una infiltración de topos sindicales destructivos del DOE que se hacían pasar por miembros del cuerpo docente "comprometidos" con la misión, los valores y los ideales de nuestra escuela chárter. De hecho, era justo lo contrario. Lo que querían era desestabilizar y clausurar la escuela. Históricamente, el sindicato se había opuesto a las escuelas chárter y siempre había difundido la idea de que nuestro objetivo era destruir y sustituir el sistema de escuelas públicas y desviar los fondos de los distritos escolares para financiar nuestras escuelas. Las escuelas chárter son instituciones públicas y, de acuerdo con la ley de escuelas chárter del estado de Nueva York, la financiación proviene de los distritos escolares públicos de donde proceden los estudiantes. La asignación por estudiante no es igual a la cantidad de financiación que reciben las escuelas públicas de la ciudad de Nueva York.

Las huellas del sindicato estaban por todas partes. Los líderes de la CSO estaban ahí y colaboraban de forma activa con el "grupo de los cuatro" empleados descontentos, proporcionando "asistencia técnica" y orientación sobre cómo llamar la atención de la junta para que me acusaran y despidieran, lo que, por supuesto, significaba la muerte inmediata y prematura de la visión de equidad en el Bronx. Y no era solo nuestra imaginación lo que nos llevaba a creer que esto sucedía entre bastidores. Años más tarde, obtuvimos documentos y correos electrónicos a través de una solicitud de la Ley de Libertad de Información (FOIL) que demostraban que no fue paranoia nuestra, sino que se trató de un plan estratégico real que se desarrolló durante ese tiempo, mediante el uso del tiempo y el dinero de los contribuyentes del DOE y el NYSED para intentar destruir la escuela.

LA TORMENTA PERFECTA

Las tensiones y la dinamita política siguieron en aumento hasta convertirse en una tormenta perfecta. Los conflictos eran de todo tipo: desde estudiantes que se oponían a las expectativas de alto rendimiento, a la disciplina y a la estructura de la escuela chárter hasta quejas sobre la duración de la jornada escolar y mi estilo de liderazgo firme y estricto. Los padres de algunos de estos estudiantes recibían comentarios negativos e información errónea por parte de algunos maestros de manera constante. Este aluvión de mentiras manipulaba sus emociones y los hacía cuestionar su decisión de matricular a sus hijos en una escuela chárter.

Más tarde se descubrió que el grupo de cuatro maestros descontentos que lideró la desestabilización de nuestra iniciativa escolar se comunicaba con los líderes de la oficina de escuelas chárter y enviaba sus quejas al Consejo Directivo. Esto generó un gran revuelo seguido por tumultuosas reuniones de la junta en las que se discutió cuál debía ser la respuesta. Los dirigentes de la junta parecían más preocupados por su reputación, sus propios conflictos de intereses personales y sus continuas relaciones políticas con el DOE que por la verdad del asunto. Las divisiones creadas de forma deliberada por los dirigentes de la CSO y las dudas sembradas por el grupo de los cuatro maestros claramente no me favorecían como líder de la escuela chárter.

La percepción era la realidad para muchos de los miembros de la junta. Entre ellos se encontraban el gerente comercial de un banco que se convirtió en presidente, el director ejecutivo de una organización de base comunitaria (CBO) que también dirigía una escuela, un abogado que apoyaba numerosas causas sociales y de derechos civiles, y un empresario local. La junta tenía la obligación de llevar a cabo su propia investigación sobre las acusaciones en torno al funcionamiento de la escuela chárter y sobre las acusaciones personales contra mí como su líder. También tenía la máxima responsabilidad de proteger a la escuela chárter del cierre y de cumplir con su deber de lealtad a los estatutos de nuestra organización.

Era evidente que cuestionaban su decisión de apoyarme como líder de la escuela. Fue un camino solitario, ya que el apoyo había sido tibio desde el principio y algunos miembros de la junta directiva no creían realmente en el poder de mi visión o no estaban familiarizados con las escuelas chárter. Algunos, ya dispuestos a ceder ante las exigencias del DOE, aceptaban la presión para forzar mi renuncia como líder educativo, lo que significaría rescindir mi contrato.

No comprendían del todo la independencia y autonomía que tenían como junta directiva o el hecho de que podían cuestionar los motivos de los dirigentes del DOE. Desde el principio se resistían a que nuestra escuela chárter existiera. Los mismos líderes de la CSO que se confabularon con el plan del cuerpo docente para perturbar nuestro entorno educativo fueron también los que sabotearon nuestra solicitud de escuela chárter en cada etapa del proceso. La UFT estimuló estos comportamientos y el personal de la Oficina de Escuelas Chárter del DOE los avaló. Lo que realmente se necesitaba era un análisis minucioso de los individuos que se encontraban detrás de la estrategia para cerrar la escuela a los ocho meses de funcionamiento. Como parte de la estrategia, en un principio acepté renunciar de forma temporal al cargo de directora y seguir con mi trabajo en el desarrollo de las actividades y operaciones de la escuela chárter.

Había planes de una protesta y una huelga estudiantil liderada por un grupo de docentes descontentos, con el apoyo de la UFT. Después de la protesta frente a la escuela el 11 de mayo de 2007, recibí una llamada de la subdirectora de la Oficina de Escuelas Chárter del DOE, en la que me informaba que estaban al tanto de la huelga y que la oficina de comunicación del rector emitiría un comunicado oficial en nombre del DOE, por lo que me advirtió que no hablara con la prensa. Ella expresó su preocupación por la interrupción del programa académico y advirtió que esto había provocado una visita y una reunión oficiales. Ahora querían que la junta llevara a cabo su propia investigación y se reuniera con los maestros y los estudiantes.

Poco después quedó claro que ella y el entonces director del portafolio de escuelas estaban en contacto de forma descarada y vergonzosa con este grupo de maestros, conocían la estrategia y su plan a la perfección, y les brindaban apoyo y aliento. Sin embargo, nadie tuvo la cortesía de ponerse en contacto conmigo para prepararme o avisarme. El silencio equivale a consentimiento, y esta fue su forma de cobrarse el hecho de que lucháramos por el derecho a existir y no permitiéramos que los detractores aplastaran el sueño de nuestra escuela chárter antes incluso de comenzar.

Al final del día, estaba en mi oficina y me sentía destrozada. El mundo a mi alrededor se derrumbaba. Sentía que todo me daba vueltas y, por fin, había llegado a mi límite. Estaba tan angustiada que empecé a llorar de manera desconsolada. Sabía que era objeto de un ataque hostil y bien orquestado. No se trataba de una situación normal, por lo que solo podía confiar en mi esposo. El ataque público y la humillación que había sufrido ese día y en las semanas previas a ese momento eran incomprensibles.

Solo quería ofrecer una educación de calidad a los jóvenes de secundaria del Bronx. La presión era insoportable. ¿Qué sucedería con los estudiantes y las familias que se habían inscrito en nuestra escuela chárter si nos destrozaban? Estaba a punto de rendirme cuando, de repente, el camino que debía seguir se hizo evidente. Tuve una revelación que lo aclaró todo. El personal de la Oficina de Escuelas Chárter del DOE y del NYSED nos estaba tendiendo una trampa para que fracasáramos. Le recomendé a la junta que considerara la posibilidad de realizar una investigación independiente que revelara la verdad detrás de lo que en realidad ocurría, y que, si los resultados corroboraban que yo había actuado de manera ilegal, inmoral o poco ética, presentaría mi renuncia y ellos podrían decidir el futuro de la escuela chárter.

La junta aceptó y contrató a Fulbright & Jaworski, uno de los bufetes de abogados más grandes del mundo, para llevar a cabo esta investigación. Yo también contraté a un abogado para que me representara, ya que estaba claro que necesitaría protección legal para defender mis derechos humanos, mi dignidad y mi autoestima.

No me sorprendió que mi sueño de igualdad educativa en el Bronx fuera pisoteado, forzándonos a abandonar la creación de la escuela chárter. Sin embargo, todavía no estaba dispuesta a aceptar un no por respuesta. Todos habían subestimado mi tenacidad y determinación.

LA INVESTIGACIÓN INDEPENDIENTE

La junta estuvo de acuerdo con la idea de solicitar una investigación independiente. En la carta, la junta señalaba que el DOE había iniciado su propia investigación de forma prematura, lo que limitaba la responsabilidad legal para llevar a cabo la suya. A continuación, se incluye un extracto de la carta enviada por la Junta Directiva Internacional a Garth Harries, director del portafolio de escuelas de la Oficina de Escuelas Chárter, y a Lisa Long, miembro del personal de escuelas chárter del NYSED, en respuesta a las acusaciones, en la que se describen sus planes para resolver de manera objetiva las cuestiones planteadas.

"...Reconocemos que la escuela se enfrenta a graves retos que requieren una acción inmediata por nuestra parte. De hecho, ya comenzamos a tomar medidas. El 7 de mayo de 2007, celebramos una reunión de emergencia a la que asistieron todos los miembros del Consejo Directivo, el asesor jurídico de la escuela y representantes del Centro para la Excelencia de las Escuelas Chárter de la Ciudad de Nueva York. En esa reunión, realizamos gestiones para responder de manera formal a las acusaciones incluidas en la carta del 1 de mayo de 2007. También adoptamos medidas para garantizar la estabilidad del programa académico y de la comunidad escolar, incluido un plan que incluía enviar a miembros del consejo a la escuela para reunirse con los estudiantes, padres, maestros y personal afectados. Una de esas reuniones entre miembros del consejo, varios maestros y parte del personal, tuvo lugar el 9 de mayo de 2007 y fue positiva y productiva.

Además de acercarnos a la comunidad escolar, reconocemos la necesidad de investigar las preocupaciones expresadas por usted, los padres y antiguos profesores. Para ello, tenemos previsto contratar a un bufete de abogados independiente que lleve a cabo una investigación exhaustiva e independiente sobre la escuela y su directora ejecutiva y directora, la Dra. Elaine Ruíz López; decisión que la Dra. López respalda plenamente. Según los resultados de esa investigación, realizaremos una evaluación de la escuela y de la Dra. López, y brindaremos una respuesta formal por escrito que aborde las inquietudes y quejas que hemos recibido. Tengan la seguridad de que tomaremos todas las medidas necesarias y adecuadas para subsanar cualquier deficiencia que pueda revelar la investigación.

Nos complace que se lleve a cabo una investigación independiente a fin de evaluar de manera objetiva los retos a los que nos enfrentamos, y estamos seguros de que nos ayudará a resolver las quejas que recibimos.

A la espera del resultado de la investigación, y sujetos a sus conclusiones, queremos aprovechar esta oportunidad para responder a varias de las acusaciones expuestas en la carta del 1 de mayo de 2007..."

Después de que la junta firmara el contrato para la investigación, que le costaría 70 000 dólares a la escuela, se designó a Fulbright & Jaworski como encargado del caso. Más adelante comprendí la importancia de que se asignara a este bufete en particular, ya que la causa estaba basada en la justicia social y los derechos humanos. Uno de los principales abogados de la firma era Ralph C. Dawson, un afroamericano que se graduó de la Facultad de Derecho de Columbia en 1976, y luego de Harvard y Yale. Años más tarde, mientras investigaba, descubrí que entre sus antecedentes figuraba su rol como líder de la Alianza de Estudiantes Negros de Yale (BSAY) durante el tumultuoso período conocido como "May Day 1970", cuando New Haven, Connecticut, y Yale fueron escenario de un importante juicio por asesinato relacionado con el Partido Pantera Negra y de una serie de protestas contra la guerra de Vietnam. La BSAY desempeñó una función decisiva en el mantenimiento de la paz en el campus y generaba apoyo para la celebración de un juicio justo para los Panteras Negras.[60]

El Sr. Dawson tomó declaración a alrededor de veinticinco personas durante la investigación. La mayoría de las entrevistas se realizaron en nuestras instalaciones escolares. Él se mostró muy profesional y objetivo. Me sentí cómoda con el proceso y confiaba en que no encontraría nada ilegal, inmoral o poco ético, porque mis decisiones se tomaron conforme a la política de la escuela, supervisé al personal de manera adecuada y actué con responsabilidad en mi calidad de directora. El resultado de esta investigación influiría en el futuro de nuestra escuela chárter y en mi continuidad como directora. Después de casi seis semanas, terminó la investigación. Esperé con ansias el informe escrito y su resultado, ya que esto sería un factor importante en la estrategia para salvar la escuela chárter y exponer todo lo que sucedía.

60 The Sophia Institute, 2020.

ROBIN CALITRI

El Sr. Calitri fue director de una escuela del IB de gran éxito en Rockville, Long Island. Robin fue nombrado Educador Distinguido del Estado de Nueva York en 1998[61] y uno de los cuatro finalistas para el premio de Director del Año de la Asociación Nacional de Directores de Escuelas Secundarias en 1999. El Sr. Calitri compartió su vasta experiencia con miles de educadores, padres y niños a través de presentaciones, artículos y talleres, todos centrados en el concepto "All Means All" (Todos significa todos). Robin representó a la Organización del Bachillerato Internacional (IB) y fue miembro del equipo de desarrollo para la reestructuración de escuelas. También se desempeñó como comisionado para la publicación "Breaking Ranks II"[62] de la Asociación Nacional de Directores de Escuelas Secundarias y es un *capacitador certificado de Breaking Ranks II.* La Organización del Bachillerato Internacional contrató a Robin como diseñador escolar para un pequeño proyecto de una nueva escuela en la ciudad de Nueva York.

Como miembro de un equipo, ayudó a desarrollar la escuela chárter International Leadership Charter School en el Bronx. Tony, que en ese entonces trabajaba con Civic Strategies, una organización dedicada a la mejora escolar de la que era consultor, me presentó a Robin.

Mientras preparaba la solicitud para la escuela chárter, me enteré de su trabajo en Rockville y descubrí que era un experto en liderazgo escolar, en el desarrollo de planes de estudios de secundaria y en la creación de la fórmula para un programa exitoso de preparación universitaria. Comprendí que lo necesitaba como parte del equipo de planificación. Lo contraté como consultor para que me ayudara a pensar y desarrollar el programa académico de la escuela y el programa de preparación para la universidad, un componente de nuestro modelo educativo que sigue siendo exitoso hasta

61 Previous State Principals of the Year, https://www.nassp.org/previous-state-principals-of-the-year/.

62 Vicki Kilgarriff, Breaking Ranks II: Strategies for Leading High School Reform. National Association of Secondary School Principals. Forward by Theodore R. Sizer. 2004.

la fecha, incluso dieciocho años después. Estoy segura de que Robin nunca imaginó que un año después le pediría que se convirtiera en codirector, una vez que se calmaron las aguas y pudimos estabilizar nuestro programa académico. Siempre estaré agradecida a Robin, ya que no había nadie más en quien pudiera confiar en aquella situación.

A fin de protegerme y mantener lo que quedaba de mi cordura y dignidad, le propuse a la junta retirarme de manera voluntaria de las tareas diarias de supervisión como directora, a la espera del resultado de la investigación. La junta estuvo de acuerdo conmigo. Esto requería apoyo y supervisión del cuerpo docente y del programa educativo. Además, se contrataron a maestros sustitutos después de que se despidiera al cuerpo docente que había alterado nuestro entorno educativo. Les aseguré que solo sería por unos meses, hasta que concluyera la investigación. Necesitaba apoyo para supervisar al cuerpo docente y restablecer de inmediato el programa académico y la disciplina estudiantil. Se trataba de una estrategia importante para ganar la batalla en la que me encontraba envuelta. Contraté a dos antiguos directores y administradores escolares, Robin Calitri y Carmen Gonzalez. Carmen comenzó a trabajar para la escuela como desarrolladora de personal y experta en contenidos para el programa de ciencias. Mientras escribía este capítulo, volví a comunicarme con Robin y le pedí que reflexionara sobre su trabajo en aquella época y sobre lo que se le pedía. Estas fueron las palabras que escribió:

> "*Dejé las escuelas públicas de la ciudad de Nueva York en octavo grado. Un consejero me informó que no tenía futuro en lo académico y que debía asistir a la escuela de oficios tipográficos en lugar de la escuela secundaria. Entonces juré que nunca volvería a ingresar en una escuela de Nueva York por la impersonalidad, las bajas expectativas y la deshumanización de los estudiantes. Mi labor como evaluador estatal de una escuela secundaria de la ciudad de Nueva York y mi participación en la formación del Proyecto de Nuevas Escuelas*

Pequeñas reforzaron mi desilusión. Unos cincuenta años después, me encontré hablando ante 350 directores y otros administradores de escuelas de la ciudad de Nueva York sobre mi convicción "All Means All". También asesoraba a una de las principales escuelas secundarias de Nueva York y me nombraron diseñador escolar para futuras escuelas públicas del Bachillerato Internacional en Nueva York. La mayor sorpresa fue cuando acepté el reto de convertirme en director interino de una nueva escuela chárter que estaba bajo ataque.

Participé en la formación inicial de la International Leadership Charter School como capacitador y asesor del personal. Me impresionó el entusiasmo que mostraban su fundadora, la Dra. Elaine Ruíz López, la Junta Directiva y parte del personal. En la última parte del primer año escolar, la escuela y su fundadora sufrieron diversos ataques. Estas agresiones provenían del sindicato de maestros, el Departamento de Educación del Estado, el personal de la oficina de escuelas chárter del DOE y algunos líderes cívicos locales. Para que la escuela siguiera en funcionamiento, le exigieron a la Dra. Ruíz López que dejara su puesto en la administración. Elaine nos solicitó que nos hiciéramos cargo de la escuela para que ella tuviera tiempo de reorganizarse y salvar el año escolar. También le pidieron a Carmen González, directora de escuela jubilada que trabajaba como asesora y capacitadora de personal, que se uniera al equipo. Así que nos pusimos de acuerdo para dirigir la escuela juntos durante los últimos dos meses del año escolar. Éramos simplemente parte de un equipo que se centraba en el bienestar de los estudiantes de 9.° grado que asistían a la International Leadership Charter High School, de modo que comenzamos a trabajar.

La presión externa causó que algunos maestros renunciaran. Los reemplazamos con sustitutos sin la calificación necesaria.

Perfeccionamos los objetivos para enfocarnos en el examen Regents de Álgebra del estado de Nueva York, dado que aprobar ese examen es la única manera externa de medir 'lo que los niños saben y son capaces de hacer' en noveno grado. Revisamos el plan de estudios, nos esforzamos por mantener la disciplina y luchamos contra las presiones externas. ¡Nosotros lo intentamos y los niños lo lograron! La incipiente escuela chárter superó a la competencia. Habíamos decidido comparar los resultados con los de otras escuelas públicas locales, que solían tener resultados desalentadores. Seguí asesorando a la escuela durante unos años y observé con alegría cómo seguía teniendo éxito y cómo prosperaban sus estudiantes.

Utilizo esta escuela como ejemplo de la manera correcta de gestionar un centro educativo. Es fundamental contar con un entorno seguro. Un buen plan de estudios y sistema de enseñanza son clave. También es muy importante que los estudiantes lleven uniforme, muestren disciplina y se respeten mutuamente. El liderazgo es fundamental. Para que las escuelas funcionen a favor de los niños, es necesario que se los valore y se los cuide.

La International Leadership Charter High School, bajo la dirección de la Dra. Elaine Ruíz López, es un éxito rotundo porque cuenta con el apoyo, la orientación y la protección incondicional de un equipo de personas maravillosas. El modelo de enseñanza que eligieron les garantiza a los niños un futuro maravilloso. De otra manera, no tendrían acceso a una educación de calidad debido a las desigualdades estructurales de nuestra sociedad, los prejuicios y el ambiente tóxico de la política en nuestro sistema educativo. Me siento orgulloso de haber contribuido con mi granito de arena".

La tarde del 5 de mayo de 2007, cuando se produjo la huelga, me encontraba sola en el edificio con Robin, quien me informó que había dos investigadores en la puerta que solicitaban acceso a los expedientes del personal. Eran dos hombres blancos vestidos de negro que se presentaron en la escuela a las 5:00 p. m. ¿Eran detectives? ¿Del FBI? No se identificaron de inmediato y no sabíamos con certeza quiénes eran ni a qué organismo representaban, ya que se presentaron de manera muy misteriosa.

Cuando nos mostraron su tarjeta de presentación, los dejamos entrar a mi oficina. Eran investigadores de la Oficina Especial de Investigaciones (SCI), una agencia independiente del NYCDOE con autoridad para supervisar. La SCI investiga los casos de malversación de fondos, abuso sexual de estudiantes, conflictos de intereses, corrupción y fraude, y cualquier otra actividad delictiva que obstaculice la educación de los niños en el sistema de escuelas públicas de la ciudad de Nueva York.

Aunque técnicamente contábamos con la autorización de la Oficina del Canciller de Escuelas Chárter, no formábamos parte del sistema de escuelas públicas. Sin embargo, se me informó que, como escuela chárter, no teníamos la obligación de entregar esos expedientes sin una orden judicial oficial, que ellos no tenían. Les informé que no podían llevarse los expedientes, pero que les haríamos copias de los documentos pertinentes para cooperar. ¿Podrían empeorar las cosas? ¿Me estaban acusando de algo indebido? ¿O solo se trataba de más hostigamiento? No solicitaron mis expedientes personales, lo que fue un pequeño alivio. Lo curioso es que parecían centrarse en los maestros que habían protestado frente a nuestra escuela esa misma mañana. De modo que ahora, al parecer, había dos investigaciones en marcha. La investigación independiente de Fulbright & Jaworski y la que llevaba a cabo la SCI. Pero ¿por qué de repente esta oficina iba a realizar una investigación?

THE LIBRARY OF COLUMBIA UNIVERSITY

CAPÍTULO 15

PERDER LA BATALLA PARA GANAR LA GUERRA

> "Ninguna tentación que hayas enfrentado es ajena a la experiencia humana. Y Dios es fiel; no permitirá que seas tentado más allá de lo que puedas soportar. Cuando llegue la tentación, también te dará la salida para que puedas resistirla".
>
> **—I CORINTIOS 10:13**

La investigación de Fulbright & Jaworski fue concluyente: no se descubrieron actividades ilegales, inmorales o poco éticas. Había cumplido con mis obligaciones como directora y CEO de la escuela, protegí la seguridad de los estudiantes e implementé los estatutos correspondientes. El anuncio del veredicto no fue motivo de celebración, más allá de algunas felicitaciones poco entusiastas; fue más un alivio que una victoria.

LOS RESULTADOS DE LA INVESTIGACIÓN

En el informe de Fulbright & Jaworski L.L.P.[63] presentado a la Junta Directiva de la International Leadership Charter School, se detalla que el abogado principal de la investigación de Fulbright, Ralph Dawson, entrevistó a veinticinco personas, conmigo incluida, de manera presencial y por teléfono, con el fin de conocer mi postura sobre diversos asuntos y facilitar la revisión de los hechos relevantes. Además, también entrevistó a personas de otras organizaciones que tenían información relevante. Fulbright también revisó los expedientes personales de varios maestros, los estatutos de la International Leadership Charter School, los manuales del personal y el manual para padres y estudiantes. Fulbright también revisó los expedientes relativos a determinados estudiantes y los incidentes relevantes según nuestras entrevistas con diversas personas. Por otro lado, nosotros revisamos los documentos y demás información obtenida en las entrevistas y de otras fuentes importantes proporcionadas por la International Leadership Charter School y otras fuentes.

En el informe final, Fulbright llegó a la siguiente conclusión:

> "*La Dra. López tenía motivos razonables para tomar medidas con respecto a la mayoría de las quejas y cumplió con gran parte de los requisitos procedimentales. Todo indica que la Dra. López tenía razones para despedir a determinados miembros del cuerpo docente, reprender u orientar a otros maestros, y aplicar medidas disciplinarias que, en la mayoría de los casos, no fueron bien recibidas y contribuyeron a crear un clima de confrontación y malestar entre algunos padres, lo que a su vez provocó los incidentes que alteraron el ambiente escolar A pesar de las interrupciones, la International Leadership Charter School parece haber brindado una buena experiencia educativa a sus estudiantes. El informe también determinó que no había pruebas de*

63 El informe de Fulbright & Jaworski L.L.P. a la Junta Directiva de la International Leadership Charter School. 1 de julio de 2007.

que la administración de la International Leadership Charter School hubiera tomado medidas para impedir que los maestros se afiliaran a un sindicato".

En el informe Fulbright también se concluye lo siguiente:

"Teniendo en cuenta las circunstancias anteriores, creemos que la Dra. López tenía motivos para preocuparse por la renovación de los contratos de los cuatro maestros que dimitieron en mayo de 2007. Según ellos, la Dra. López era demasiado estricta en su forma de hacer cumplir las normas. Por otro lado, el comunicado del maestro evidencia que fueron severos y agresivos en su trato con la Dra. López. El investigador agrega que los profesores presentaron numerosas solicitudes en abril de 2007 de una forma que parecía calculada para desbordar la gestión administrativa de la Dra. López. Muchas de las solicitudes no eran necesariamente para obtener información a la que tenían derecho. Por ejemplo, solicitaban explicaciones por escrito de los motivos para comenzar las observaciones en el aula en ese momento del año escolar, una lista de todos los miembros del consejo, sus cargos y su información de contacto, y que les avisaran con antelación de la hora prevista de las visitas programadas al aula por parte de visitantes externos. El comunicado del 25 de abril cuestiona en esencia si la Dra. López puede [exigir el uso de vestimenta profesional]...además, el tono del comunicado era conflictivo y en cierto modo irrespetuoso, incluso le preguntaban por el estado de la MetroCard afirmando que habían sido pacientes, pero que esperaban que resolviera ese problema de inmediato y abordara los costos de reembolso del transporte de esa semana. Además, intentaban obligar a la Dra. López a negociar con ellos como grupo, algo que ella no tenía obligación de hacer. Los padres también consideraban que la Dra. López era fundamental para alcanzar la visión de la escuela, a la que ellos consideraban como una institución con un sólido código de conducta que proporcionaba

un entorno escolar estructurado capaz de inculcar la concentración y disciplina que creían que sus hijos necesitaban para tener éxito. La situación también tenía aspectos positivos, ya que había padres en ambos lados de la disputa que parecían tener un interés genuino en el éxito de la escuela, al igual que la Dra. López".

La insubordinación, los comportamientos escandalosos y la interrupción de la educación de nuestros estudiantes por parte de este pequeño grupo de docentes fueron intencionados. Estos comportamientos fueron impulsados y alentados por partes externas que consideraban las escuelas chárter como una amenaza para el statu quo. La UFT siempre había considerado las escuelas chárter como una amenaza para el statu quo, por lo que respaldó este ataque calculado. Lamentablemente, habíamos contratado a personas que no eran las adecuadas para trabajar durante el primer año de la nueva escuela chárter. Este tipo de comportamiento provocó importantes alteraciones en nuestros programas educativos. A pesar de tener que empezar de cero con nuevos profesores que eran en su mayoría sustitutos, tras la protesta del cuerpo docente y la huelga de los estudiantes en mayo, seguí elaborando estrategias con Robin Calitri y Carmen Gonzalez, y me mantuve concentrada en la preparación de nuestros estudiantes para los exámenes Regents del estado de Nueva York que se celebrarían en junio, mientras se llevaba a cabo una investigación.

Con el apoyo de mis colegas y del Centro de Asociaciones Educativas, pudimos identificar a los supervisores y al equipo de calificación que se encargaría de administrar el examen Regents del estado de Nueva York en Álgebra y Medio Ambiente. No sabía qué esperar, ya que había muchas distracciones e interrupciones en la enseñanza y el aprendizaje. Durante la reunión de la junta directiva celebrada en junio, se discutió el resultado de la investigación y se documentó en el acta. El recibimiento de la noticia fue menos emocionante de lo esperado. Me sentí aliviada y, aunque sin duda había motivos para celebrar, no me pareció necesario organizar una fiesta. Me exoneraron, por lo que ya no tenía que dimitir ni dejar mi cargo. Al retomar mis funciones como CEO y directora de la escuela, sentí que se había hecho justicia y agradecí que la junta accediera a realizar la investigación.

EL DESEMPEÑO DE LOS ESTUDIANTES

A pesar de estas interrupciones, el desempeño de los estudiantes en el examen Regents del estado de Nueva York fue digno de elogio, un 66 % aprobó el examen de Medio Ambiente y un 67 % el de Álgebra. Si bien estuvo por debajo de nuestros estándares habituales, dada la interrupción orquestada, fue un resultado respetable que demostró la eficacia de nuestra enseñanza incluso en medio de las dificultades. De todos modos, solo era el final del primer año, poco después de que la institución se viera envuelta en una situación complicada. Un miembro del consejo reconoció que nuestra escuela había obtenido mejores resultados que la mayoría de las escuelas secundarias públicas de la ciudad de Nueva York y que era evidente que, a pesar de las circunstancias, se impartía una enseñanza eficaz. Varios meses después, cuando se publicaron los registros oficiales y las calificaciones de la ciudad y el estado de Nueva York, se hizo evidente que habíamos superado a las escuelas secundarias vecinas del Bronx.

Recibí comentarios de felicitación poco entusiastas por parte de los miembros del consejo. De hecho, algunos parecían sorprendidos por el resultado favorable tanto en las calificaciones como en la investigación independiente. Por fin se veía luz al final del túnel, y estos resultados, junto con las conclusiones y hallazgos bien documentados de Ralph C. Dawson, el abogado principal de la investigación, cambiaron el panorama y el futuro de nuestra escuela chárter. Fue un momento crucial entre muchos otros por venir. Más de la mitad de los miembros del consejo presentes en esta última reunión comprendieron finalmente que era hora de dejar sus cargos y uno tras otro presentaron su renuncia.

La SCI suele investigar denuncias por abuso físico y sexual infantil, conducta sexual inapropiada, corrupción, fraude y malversación fiscal dentro del NYCDOE. En este caso, su investigación se centró en una maestra, que más tarde supe que la habían despedido de las escuelas públicas de la ciudad de Nueva York por conducta inapropiada. La división de personal del DOE no compartía su lista de personas no aptas para el empleo (DNH), por lo que no había forma de saber si los maestros entrevistados tenían antecedentes de conducta indebida. Al parecer, cuando la noticia de la huelga apareció en todos los medios de comunicación, se publicaron fotografías en la que aparecía esta maestra y su nombre. La habían despedido de la escuela secundaria en la que trabajaba antes por conducta inapropiada. El asunto fue tan grave que el DOE la despidió y, por desgracia, nosotros la contratamos sin conocer sus antecedentes, y así heredamos el problema.

Cuando me citaron para declarar ante la SCI, me acompañó a 80 Maiden Lane el Sr. Jesse Berman, un destacado y moderno abogado penalista al que contraté por recomendación de Marianita Lopez, abogada y graduada de la Facultad de Derecho de la Universidad de Nueva York, quien además era tía de Tony. El Sr. Berman me aconsejó que cooperara, pero que me ciñera a los hechos y a las preguntas que me hicieran. Era una situación muy difícil y la intimidación era tan grande que no me atrevía a ir sola. Me resultó curioso que la mayoría de las preguntas fueran sobre algunos de los docentes que lideraron la protesta y sobre el proceso de contratación en el que participé; como, por ejemplo, si se presentaron currículums, completaron solicitudes, verificaron referencias o quién había tomado la decisión final de contratación.

También había bastante curiosidad por saber cómo me contactó inicialmente uno de los cuatro docentes que lideraron la huelga. Al parecer, esta persona fue despedida del NYCDOE años antes de la apertura de nuestra escuela; sin embargo, nunca la procesaron de manera oficial por el delito que al parecer cometió contra un estudiante. Esto significaba que no había ninguna advertencia en los antecedentes penales que impidiera la contratación de esta persona por parte de cualquier escuela ajena al DOE. Una vez concluida la investigación, no se compartió ni se publicó ningún informe. En 2007 se envió una carta a mi junta directiva en la que nos aconsejaban revisar las prácticas de contratación de nuestra escuela chárter, sin que ello tuviera consecuencias, repercusiones o implicaciones significativas. Al cabo de dos años, la información relativa a las acusaciones formuladas contra esta maestra y su despido del DOE desapareció de manera misteriosa de los archivos del sitio web del SCI.

"¡PA'LANTE!" (PARA ADELANTE)

Era otoño de 2007 y la tensión se había calmado temporalmente. Tenía que preparar al equipo para una nueva promoción de estudiantes que se habían inscrito para empezar en otoño. Debíamos contratar un cuerpo docente para el décimo grado. Debíamos seguir adelante y recuperar nuestro ritmo de trabajo diario. Gracias a todo lo aprendido en años anteriores, nos aseguramos de contratar a personas de confianza que compartieran nuestra visión. Además, tuvimos que reestructurar la junta directiva mientras nos recuperábamos del daño causado de manera intencionada por personas que formaban parte de la lista de empleados del DOE. Ellos carecían de integridad, se alimentaban del caos, destruían sueños y derribaban a los líderes de color mediante la generación de desconfianza, la conspiración con ataques personales y humillaciones públicas, y la siembra de dudas sobre la capacidad de la escuela chárter para tener éxito. Necesitaba contratar con urgencia a un líder educativo que estuviera dispuesto a aprender y respaldar la visión de la escuela chárter y que asumiera el riesgo de incorporarse a una institución que se encontraba en la mira y en período de prueba.

Contraté a la Sra. Roberta Cummings, quien ya había sido directora de una escuela escuela religiosa privada de Grecia. Me agradó de inmediato.

Era alta, elegante y tenía un aspecto serio y sensato. La Sra. Cummings, de ascendencia jamaicana, era alguien capaz de asumir el liderazgo, desafiarme sin sentirse intimidada por mi cargo y con un enfoque de liderazgo sin complejos; una característica necesaria para sobrevivir a los ataques que enfrentaba nuestra escuela de manera constante. Ella fue un regalo del cielo y la líder que necesitaba para mantener los pies en la tierra y la integridad del programa académico mientras planificaba estrategias y me enfocaba en sacar a la escuela chárter del período de prueba. Durante la redacción de este manuscrito, me comuniqué con Roberta y le pedí que reflexionara sobre su experiencia y trabajara conmigo.

UNA SERVILLETA, UN AVIÓN Y GRANDES EXPECTATIVAS — ROBERTA CUMMINGS

"En julio de 2007, cuando empecé a desempeñar el cargo de directora de Currículo y Enseñanza en la International Leadership Charter High School , estaba absolutamente feliz y emocionada por la idea de trabajar en una escuela chárter recién fundada que se encontraba en su segundo año de funcionamiento. Recuerdo con claridad mi entrevista con la Dra. Elaine Ruíz López, fundadora y CEO de la escuela. Esperé ansiosa en el vestíbulo principal y observé al bullicioso personal de la oficina, que se comunicaba e interactuaba entre sí con un alto nivel de profesionalismo. Quedé impresionada y quise formar parte del equipo. Poco después, la Dra. López salió y me saludó con una cálida sonrisa y un firme apretón de manos. 'Hola, Sra. Cummings, bienvenida a la International Leadership Charter High School'. Durante mi primera semana en el cargo, leí los estatutos, el informe sobre las visitas de renovación y otros documentos del plan de estudios como parte de mi proceso de incorporación. En ese momento, mi oficina se encontraba al lado, justo por fuera de la oficina de la

Dra. López. Mientras leía el informe de la visita de renovación, empecé a darme cuenta de que la escuela (en ese momento) estaba en 'período de prueba'. Sinceramente, me pregunté: '¿En dónde me metí?'. Mi primera semana incluyó reuniones con la Dra. López, quien fue muy sincera sobre algunos de los retos que enfrentaba la ILCHS y me habló de los obstáculos políticos que suelen enfrentar las escuelas chárter cuando intentan ofrecer una educación de primera clase a los estudiantes negros y latinos, al tiempo que brindan opciones a las familias. Otra de mis tareas como nueva directora de Currículo y Enseñanza (DCI) era ayudar a la Dra. López a contratar a un nuevo grupo de docentes para nuestro décimo grado. Aprendí muchas lecciones valiosas con la orientación de la Dra. López durante mi estancia en la ILCHS, pero una de las más relevantes fue la importancia de contratar a maestros de primer nivel, aunque eso significara buscar talento fuera del estado o incluso fuera del país. La agencia de contratación con la que trabajábamos en ese momento contaba con un grupo de educadores altamente cualificados y experimentados. La Dra. López se dedicaba con pasión a contratar a los mejores para ayudarnos a 'construir el avión mientras vuela', que era uno de sus numerosos mantras. Aprendí muchos de los mantras de la Dra. López durante nuestras numerosas reuniones de supervisión. Todavía hoy, siguen siendo valiosos en mi trabajo con los estudiantes y el personal de las escuelas. Otro de sus mantras era 'Nadie sobresale cuando las expectativas son bajas'. A este

Roberta Cummings y la Dra. López

mantra en particular siempre lo tuve muy presente, ya que me ayudó a mantenerme enfocada en el trabajo y en la misión que intentábamos lograr en la ILCHS. A pesar de los retos que supuso el 'construir el avión mientras vuela', observé constantemente la resiliencia y la determinación de la Dra. López, quien siempre tuvo como objetivo garantizar que los estudiantes pudieran alcanzar y superar las expectativas. En una de mis últimas reuniones de supervisión, la Dra. López compartió conmigo su visión y el origen de la ILCHS. En ese momento, yo esperaba que me dijera que era un sueño de toda la vida, completamente pensado y desarrollado. Pero lo que me contó fue todo lo contrario: escribió su sueño y su plan de crear una escuela chárter en una servilleta. Pensé: '¿En una servilleta?'. 16 años después, la inspiración que comenzó en una servilleta se convirtió en una escuela de alto rendimiento que le permitió a cientos de niños negros y latinos graduarse y comenzar una carrera universitaria y profesional exitosa, lo que demuestra que cualquiera puede alcanzar grandes expectativas".

Para garantizar una gestión eficaz, tuvimos que examinar con cuidado a cada persona que solicitaba un puesto en la junta directiva y comprobar que contaba con las habilidades necesarias, que incluían un carácter fuerte e integridad, y que sería capaz de trabajar de forma independiente y mantener un deber de lealtad hacia los estatutos de las escuelas chárter, las decisiones y las opiniones de los líderes escolares. También se necesitaban personas con pensamiento independiente, ajenas al sistema escolar público, con conciencia social y política, que creyeran en la misión y la visión de la escuela chárter y, sobre todo, en su derecho a existir. Nos llevó otros dos años conseguir una junta directiva que apoyara plenamente nuestra visión y que resistiera y desafiara de manera deliberada los caprichos y las amenazas del personal del DOE. Reclutamos a los mejores con una estrategia clara, recurrimos a nuestros colegas más cercanos y a nuestra red profesional para empezar de cero y crear una junta que pudiera funcionar como una entidad autónoma, centrada en mantener la supervisión de los aspectos fiscales, organizativos y académicos de la escuela chárter. Fue una lucha constante en la que perdimos algunas batallas para finalmente ganar la guerra.

Durante los tres años siguientes, el personal del DOE y del NYSED siguió interfiriendo. En numerosas ocasiones intentaron observar con lupa nuestras políticas, nuestro programa académico y nuestras actividades operativas bajo el pretexto de "cumplimiento normativo". Nos llevaría al menos otros cuatro años, hasta la renovación de nuestros estatutos, poder funcionar sin dramas y cambiar la mentalidad de todas las partes interesadas para que apoyaran a una escuela con un extraordinario potencial de éxito, en lugar de una condenada al fracaso desde el inicio (DOA).

Los principales obstáculos para nuestro éxito como escuela chárter seguían siendo los personajes malintencionados que cobraban sueldos excesivos con dinero público y que, en colaboración con el NYSED, llevaban a cabo acciones poco éticas en el DOE. Al parecer, había pruebas suficientes, gracias a una solicitud FOIL presentada por Kerry Flowers, un abogado colega y amigo íntimo de nuestro presidente del consejo, John Paul Gonzalez, que demostraban que el personal directivo de estas dos oficinas se había confabulado y estaba decidido a desestabilizar nuestra comunidad escolar y hacer que se revocara nuestra autorización. Aunque no tuvieron éxito en su primer intento, no se dieron por vencidos. En otoño de 2007, nos colocaron en un período de prueba con una lista de condiciones que debían cumplirse. Aunque cumplimos con la mayoría de las exigencias en menos de un año, los directivos de la oficina de escuelas chárter se negaron a constatar por escrito que habíamos cumplido con todos los términos y condiciones. No salimos de este período de prueba hasta 2010, después de una larga batalla en la que recurrimos al antiguo canciller Joel Klein y a los miembros de la Junta de Regentes del Estado de Nueva York.

La CSO del DOE estaba obsesionada y decidida a cerrar una escuela que ofrecía un mundo de oportunidades en materia de equidad educativa en el Bronx para miles de estudiantes inmigrantes de primera generación antes de que tuviera la oportunidad de prosperar y crecer. Era difícil no tomarse estas medidas como algo personal. ¿Hubiesen ocurrido estos ataques de haber sido yo una mujer blanca privilegiada con el respaldo financiero de una fundación?

Decidimos seguir luchando para proteger nuestra escuela chárter y lograr que el DOE nos eximiera de esta sentencia de muerte. No podíamos bajar la guardia y necesitábamos apoyo legal. Buscamos representación y recibimos apoyo pro bono de un destacado bufete de abogados del bajo Manhattan, Hughes Hubbard & Reed (HHR). El 1 de noviembre de 2007, el bufete HHR le entregó una carta en persona a Garth Harries, director ejecutivo de la Oficina de Desarrollo de Cartera del NYCDOE, sobre el asunto relacionado con el período de prueba de la International Leadership Charter High School. El 12 de octubre de 2007, Eduardo Vidal, abogado principal, le envió una carta a la junta directiva de la escuela. El Sr. Vidal escribió lo siguiente:

> "*Ustedes declararon que el DOE extendería el período de prueba de la escuela hasta el final del año académico 2007-2008, con el derecho de revocar la licencia a partir del 1 de julio de 2008 si no cumplía con los términos probatorios revisados. En un principio, se colocó a la escuela en período de prueba el 14 de mayo de 2007, por el resto del año académico 2006-2007, a la espera de una investigación más exhaustiva tras una serie de incidentes ocurridos ese año. De conformidad con esta orden inicial, el DOE recomendó un plan de medidas correctivas que la escuela debía implementar para remediar estos problemas. El 5 de junio de 2007, el DOE llevó a cabo una evaluación in situ del programa educativo de la escuela para determinar hasta qué punto la escuela había implementado su plan de medidas correctivas. Tras los resultados observados, concluyeron que la institución no los había cumplido. A pesar de las numerosas*

solicitudes de la Dra. Elaine Ruíz López, ni las autoridades escolares ni la junta directiva recibieron una copia del informe que utilizó el DOE para colocar a la escuela en período de prueba. Si no se proporciona una copia de este informe, el DOE no puede pedirle a la escuela que cumpla con un objetivo cambiante".

En su declaración final, el Sr. Vidal escribe lo siguiente:

"Por último, reconocemos que, en virtud del artículo 52, sección 2885 (2) de la Ley de Educación de Nueva York, el DOE cuenta con la facultad de revocar la carta constitutiva de la escuela; sin embargo, la sección 2885 (2) también establece con claridad que, antes de hacerlo, la institución debe enfrentar un proceso justo que, a nuestro entender, debería incluir una consideración imparcial de todos los hechos disponibles. Como mínimo, el DOE debe tener en cuenta e incorporar en sus conclusiones cualquier refutación o aclaración que presente la escuela. Además, solicitamos de forma respetuosa que, en caso de que el DOE no esté de acuerdo con alguna información proporcionada por las autoridades escolares, se comuniquen por escrito los motivos de dicha decisión".

Seguí concentrada en mi trabajo para estabilizar el programa académico y en la contratación selectiva de maestros altamente calificados y comprometidos con el éxito de nuestros estudiantes. La primera generación de estudiantes se vio muy afectada y confundida por las acciones de sus antiguos maestros, quienes los habían utilizado para sus propios intereses y motivos egoístas. Por naturaleza, los adolescentes desconfían de los adultos y se rebelan contra la autoridad. Continuaron resistiéndose a las normas de disciplina y al orden que se les exigía, pero no nos dimos por vencidos y seguimos trabajando para recuperar su confianza.

En 2010, la primera cohorte de los cincuenta y cuatro estudiantes que permanecieron matriculados se convirtió en la primera clase graduada. De ellos, el noventa y nueve por ciento logró obtener el título. En la actualidad, dieciocho años después, se han graduado trece promociones de estudiantes de secundaria y a todos ellos los aceptaron en la universidad de su elección. Cada año, más del 85 % se inscribe en universidades de cuatro años y cursa estudios en ingeniería, informática, negocios, justicia penal, educación, derecho, asesoramiento y trabajo social. Ya se han graduado cientos de estudiantes de las promociones I a IX (de 2010 a 2019).

CADA VEZ MÁS APOYO

Desde 2009, los líderes de la comunidad puertorriqueña y latina comenzaron a darse cuenta de la injusticia a la que se enfrentaba nuestra escuela. Apoyaron de manera activa mi liderazgo en el ámbito de las escuelas chárter y empezaron a buscarme para que los asesorara con su deseo y sueño de fundar este tipo de instituciones. Sin embargo, mi experiencia más fascinante se produjo cuando recibí noticias de mi pediatra, el Dr. Richard Izquierdo.

EL ESTABLECIMIENTO DE INSTITUCIONES Y LA CREACIÓN DE UN LEGADO

El Dr. Richard Izquierdo, conocido cariñosamente como "Doc", nació en East Harlem el 23 de octubre de 1929. Sus padres, Serafin y Sinda Izquierdo, eran puertorriqueños y formaban parte de los primeros "*bodegueros*". El Doc ha dedicado su vida a atender las necesidades médicas de su comunidad. Durante muchos años, fue uno de los pocos médicos que había en la zona. Se convirtió en un ícono del South Bronx y era "*el doctor*" al que acudían los puertorriqueños que vivían allí.

En 1967, el Doc pagó 3 000 dólares como anticipo para comprar un edificio abandonado en Southern Boulevard y Westchester Avenue con el fin de crear el San Juan Health Center. Funcionó hasta 1974, fecha en la que se convirtió en el Urban Health Plan (UHP), Inc., un centro de salud comunitario acreditado a nivel federal y autorizado por el estado de Nueva

York. Su hija, Paloma Hernandez, es la CEO del UHP que ofrece atención médica integral y de calidad a la comunidad. Hoy en día, el UHP es uno de los centros de salud más grandes del estado de Nueva York. El 23 de enero de 2007, el Doc recibió la medalla del 17.º Cirujano General de los Estados Unidos, Dr. Richard H. Carmona. Este galardón es el mayor honor con el que se puede distinguir a un civil o a un oficial. El Doc fue el pediatra del Dr. Carmona y su mentor personal. Además, fue el médico de la infancia de la jueza estadounidense Sonia Sotomayor, quien se había criado en el South Bronx. De hecho, también fue mi pediatra. Yo fui uno de sus bebés.

El Dr. Richard Izquierdo junto a su hija, Paloma Hernandez, y la jueza de la Corte Suprema de Justicia de los Estados Unidos, Sonya Sotomayor

En 1998, estaba en una reunión social en un restaurante local y me enteré de que el Dr. Izquierdo se encontraba en el lugar. De inmediato me acerqué a donde estaba y me presenté, interrumpiendo de manera educada al grupo de personas con las que estaba hablando. Me presenté y le dije que él había sido mi pediatra y que yo había sido uno de sus "bebés". Me dedicó una amplia sonrisa y me miró con sus profundos ojos azules. Se mostró muy cordial y amable.

Solo disponía de unos minutos para charlar con este hombre tan querido y respetado. En apenas cinco minutos le conté quién era, que me había graduado en TC, que había obtenido mi doctorado en la Universidad de Columbia, que estaba trabajando en un proyecto para abrir una escuela en el Bronx y que me había comprometido a hacer algo grande por la comunidad, como lo había hecho él. Me habló sobre el UHP y el trabajo que se estaba realizando allí.[64] Intercambiamos información de contacto, aunque pasarían ocho años antes de que nos volviéramos a ver. Después de fundar el UHP con su hija, no dejó de soñar y planificar proyectos para mejorar la comunidad. Una de las últimas propuestas del Doc antes de fallecer en julio de 2020 fue su sueño de ofrecer educación de calidad a los niños del South Bronx para liberarlos de la pobreza.

Después de esa reunión, perdimos contacto entre nosotros durante un tiempo. Sin embargo, en 2008, el Doc se enteró a través de un colega más cosas sobre mí y sobre la escuela secundaria chárter que había abierto dos años antes. Se comunicó conmigo para decirme que quería crear una escuela chárter y me pidió una reunión. Una tarde, en otoño de 2009, vino a visitarme a la escuela chárter. Le recordé que ya nos conocíamos y que él había sido mi pediatra. Me pidió que le describiera a mis padres y me dijo que recordaba a Lucila.

Después de compartir su visión conmigo, me preguntó si podía ayudarlo con su sueño y asesorarlo. Aunque gestionaba mi propia escuela chárter y disponía de poco tiempo, no podía dejar pasar la oportunidad de apoyar a esta figura tan emblemática y respetada y de la que guardaba recuerdos tan entrañables. Nos reunimos varias veces en el UHP y en nuestra escuela, y le mostré los documentos que habíamos presentado para nuestra solicitud. En septiembre de 2010, su sueño se hizo realidad con la inauguración de la Escuela Chárter de Salud y Ciencias, Dr. Richard Izquierdo (DRHSCS), en 800 Home Street, South Bronx. La escuela fue la primera escuela chárter de la ciudad de Nueva York en ofrecer un programa de educación profesional y técnica orientado específicamente a preparar a los estudiantes para puestos de trabajo en el sector sanitario, incluida la certificación de Técnico en Emergencias Médicas (EMT).

64 Urban Health Plan, https://www.urbanhealthplan.org/our-community/.

En 2012, la escuela chárter comenzó a tener dificultades debido a problemas políticos internos y la falta de compromiso del personal con la misión de la institución. El Doc le pidió a Tony que lo ayudara a estabilizar el programa académico y las actividades de la escuela. En 2014, asistimos a su primera ceremonia de graduación. Hoy en día, la escuela sigue prosperando y funciona en el mismo edificio escolar del DOE. Tony y yo nos sentimos honrados de haber apoyado su sueño y muy contentos de que haya podido hacer realidad su visión. En 2015, la calle situada en Southern Boulevard y West Farms Avenue, donde fundó San Juan Health Center, pasó a llamarse Dr. Richard Izquierdo Blvd.

El Doc falleció en julio de 2020 por complicaciones derivadas de la enfermedad de Parkinson. Su contribución al South Bronx y su legado seguirán beneficiando a los niños y a las familias de futuras generaciones.

THE LIBRARY OF COLUMBIA UNIVERSITY

CAPÍTULO 16

EXPANSIÓN DE NUESTRO IMPACTO

> "¡Oh, bendíceme y agranda mi territorio!"
> **—I CRÓNICAS 4:10**

Cinco años después de iniciar las actividades, nuestra escuela chárter comunitaria registró un aumento en el rendimiento estudiantil y un enorme apoyo por parte de los padres y los líderes comunitarios. Experimentábamos un crecimiento tanto en la matriculación como en la demanda. Mi principal objetivo como docente con vasta trayectoria era el programa académico, la seguridad de los estudiantes y su bienestar.

La gestión de una escuela chárter exige habilidades empresariales, sobre todo en lo que se refiere a comprender los matices del negocio, las relaciones con los proveedores, los contratos, las finanzas y la infraestructura. Las instalaciones que alquilamos en el año 2006 nos estaban dejando sin recursos económicos, y tratar con un propietario difícil se convirtió en un reto constante. Era evidente que debíamos mudarnos. Esta urgencia se intensificó cuando el propietario intentó desalojarnos en 2010, amenazando el futuro de la escuela.

A pesar de haber invertido en la renovación de las instalaciones para convertirla en una escuela de vanguardia, nuestra relación con el propietario se deterioró. A menudo aparecía sin avisar y traía a clientes potenciales para mostrarles el espacio, al parecer con el fin de intimidarnos. Las reuniones con él en persona generaban tensión, sobre todo con su perro dóberman presente. En una ocasión, los coches del garaje del edificio del que era propietario se incendiaron, lo que generó preocupación por la seguridad. Aunque él insistió en que evacuáramos el edificio, los bomberos de Nueva York aconsejaron lo contrario, pues consideraban que era más seguro permanecer en el interior. Este tipo de incidentes reforzaron nuestra necesidad de encontrar una nueva ubicación, ya que era evidente que el propietario priorizaba sus ganancias por encima del bienestar de la escuela.

> Cinco años después de la conmoción de los dos primeros años de funcionamiento y de las dificultades iniciales, nuestra institución comenzaba a ganar visibilidad como escuela chárter creada por la comunidad, con un aumento constante en las calificaciones de los estudiantes y un gran apoyo por parte de los padres, los líderes comunitarios y nuestros colegas. Crecíamos tanto en matriculación como en demanda. Yo era una docente con experiencia y mi atención siempre se había centrado en el programa académico, la enseñanza, el aprendizaje, la seguridad y el bienestar de nuestros estudiantes.
>
> Mi respuesta fue recordarle que éramos una escuela pública con un presupuesto limitado y que no podíamos hacer milagros para instalar un nuevo sistema que costaría más de 60 000 dólares. En primavera tuvimos que improvisar y traer ventiladores para refrescar las aulas, mientras que en invierno, compramos calefactores para mantenerlas calientes.

Todos los administradores de escuelas chárter deben tener espíritu emprendedor y estar dispuestos a arriesgarse y a aprender sobre el mundo de los negocios, las relaciones con los proveedores, los contratos y las finanzas. Además, cuando buscan expandirse, también deben saber sobre instalaciones y construcción. Las instalaciones comerciales que alquilamos en 2006 en Exterior Street, frente a Marble Hill Houses, para iniciar nuestras actividades en 2006, comenzaron a agotar nuestras finanzas. Como directora de la escuela, esto dividía mi atención, ya que tenía que lidiar constantemente con un propietario problemático. Todo indicaba que era hora de mudarse. Resultó evidente que necesitaba encontrar financiación con urgencia para asegurar un lugar permanente donde pudiéramos funcionar de forma independiente y sin la presión de un propietario que había intentado desalojarnos en 2010. Esto suponía el cierre de la escuela, ya que no teníamos ningún lugar a donde ir y el DOE no iba a proporcionarnos un espacio compartido. Estaríamos de nuevo en la misma situación que enfrentamos en 2007.

El propietario nos cobraba un alquiler muy por encima del precio de mercado, además de agregar gastos que en realidad eran su responsabilidad. Había una cláusula en el contrato de arrendamiento que nos obligaba a pagar más de 100 000 dólares y en ese momento teníamos problemas de liquidez. Se trataba de un contrato de arrendamiento en un edificio comercial que presentaba gran cantidad de problemas, entre ellos una calefacción deficiente en invierno y sofocantes temperaturas dentro del edificio a finales de primavera, debido a un sistema de climatización obsoleto que necesitaba frecuentes reparaciones y mantenimiento. Todo el tiempo debía recordarle que éramos una escuela pública con un presupuesto limitado y que no podíamos permitirnos un sistema nuevo cuyo costo superaba los 60 000 dólares. En primavera tuvimos que improvisar y traer ventiladores para refrescar las aulas, mientras que en invierno, compramos calefactores para mantenerlas calientes. A pesar de estas pésimas condiciones, pagamos de forma puntual un alquiler de aproximadamente 650 000 dólares anuales durante cinco años, lo que aumentó su riqueza.

Nos sorprendió que encontrara a un juez dispuesto a firmar una orden de desalojo para desplazar a toda nuestra escuela y a nuestros estudiantes. Esto significaba que no podíamos seguir funcionando una vez finalizado el plazo de la concesión en 2015. Tendríamos que encontrar otro lugar en unos meses. Por suerte, mis oraciones para que se produjera otro milagro fueron escuchadas y recibimos un cheque de un ángel que se presentó en nuestra puerta. Raul Russi, el antiguo CEO de la red Acacia, se había enterado de nuestra crisis a través de un colega y nos entregó un cheque por 150 000 dólares sin condiciones. Estaré eternamente agradecida a Acacia y al Sr. Russi por su amable gesto. Fue obra de Dios. Pudimos pagarle la factura al propietario y evitar el desalojo. Nuestras familias y la comunidad escolar están eternamente agradecidos por ello.

Una de mis frases favoritas es "*Salta que la red aparecerá*". Como mujer de fe, recé para que nos ayudaran a renovar nuestra carta constitutiva en 2011. Recibí una invitación de la Corporación de Desarrollo Económico (EDC), bajo la administración del alcalde Bloomberg, para solicitar financiamiento mediante bonos municipales. Después de un largo proceso de preparación y de contratar a un asociado con experiencia en finanzas, se nos aprobó la búsqueda de suscriptores para bonos con el fin de financiar la construcción de nuestra escuela. A pesar del riguroso proceso y las negociaciones con los inversionistas de Wall Street, en la primavera de 2013 conseguimos un bono de 17,5 millones de dólares.

Gestionar una escuela chárter significaba convertirse en empresario de la noche a la mañana, lo que requería adaptabilidad en materia de finanzas y negociaciones. Al ver el éxito de otras escuelas chárter, estaba decidida a alcanzar nuestro objetivo. La posibilidad de ser propietarios del edificio de nuestra escuela era muy tentadora. Tras la financiación, nos enfrentamos a retos en la construcción, desde la búsqueda de contratistas hasta retrasos en la finalización. Sin embargo, a finales de 2015, con la intervención de la oficina del presidente del distrito, Ruben Diaz, Jr., se agilizaron las inspecciones. El 1 de enero de 2016, nos mudamos a nuestra escuela de tres pisos en Riverdale Avenue. Diseñada tal y como la habíamos imaginado, contaba con laboratorios de ciencias, una cafetería, dieciocho aulas y mucho más. Todo decorado con los colores de nuestra escuela. Era un sueño hecho realidad para los futuros líderes de los barrios de University Heights, Kingsbridge/Riverdale y Marble Hill, en el Distrito 10. A pesar de tanta oposición y revuelo, había conseguido hacer realidad este sueño.

CAPÍTULO 17

EL DESARROLLO DE UNA VISIÓN: UNA DÉCADA DESPUÉS

> "Espero que una mujer latina sabia, con la riqueza de sus experiencias, llegue en la mayoría de los casos a mejores conclusiones que un hombre blanco que no ha vivido esa vida".
>
> **—SONIA SOTOMAYOR, JUEZA DE LA CORTE SUPREMA DE JUSTICIA DE LOS ESTADOS UNIDOS**

En noviembre de 2016 celebramos nuestro décimo aniversario en un hermoso lugar ubicado en el Jardín Botánico de Nueva York. Todos los miembros de nuestra junta directiva estuvieron presentes, junto a padres, estudiantes y colegas. En esta ocasión, rendimos homenaje a la Dra. Betty A. Rosa, miembro de la Junta de Regentes del Estado de Nueva York, y a la Sra. Marlene Cintron, JD, dos mujeres puertorriqueñas muy fuertes

De izquierda a derecha: La Dra. Dori Collazo-Baker, el Dr. John Paul Gonzalez, la Dra. Elaine Ruiz López, Anthony López, el Dr. John Jenkins, la Sra. Jenkins, Doreen Bermudez, Elissa Ramos y mi padre Alfonso Ruiz.

que ocuparon diversos puestos de liderazgo en la política gubernamental y la educación, y que desempeñaron funciones importantes en el servicio público. Durante más de dos décadas las he admirado por ser unas líderes extraordinarias y las considero modelos a seguir y mentoras ejemplares. En la actualidad, la Dra. Rosa es comisionada de Educación del estado de Nueva York y presidenta de la Universidad del Estado de Nueva York. La Dra. Rosa y yo nos conocimos a finales de la década de 1990 cuando era superintendente del Distrito 8. Me contrató como subdirectora de una escuela primaria del Bronx que atravesaba dificultades y necesitaba un liderazgo fuerte para apoyar a su director.

Marlene Cintron y yo

La Sra. Cintron trabajó para el congresista Garcia, el alcalde Dinkins, el gobernador Rosello de Puerto Rico y el senador del estado de Nueva York Rubén Díaz, Sr., y prestó servicios durante ocho años al entonces presidente del condado, Rubén Díaz, Jr. En 2010, la nombraron presidenta de la Corporación de Desarrollo Económico Integral del Bronx. En la actualidad, supervisa los programas, las oficinas y las actividades de la SBA en la región atlántica, que abarca Nueva York, Nueva Jersey, Puerto Rico y las Islas Vírgenes de los Estados Unidos. Ella me apoyó cuando la escuela chárter y su desarrollo eran solo una idea. El apoyo y la sabiduría que me brindaron estas dos mujeres extraordinarias me ayudaron a tener éxito como líder de la escuela chárter, tanto en su primera década como después.

Conocí a mi amigo y colega, el Dr. John Jenkins, en 1999, mientras trabajábamos como subdirectores en el Distrito Escolar Público de Yonkers (YPS). Desempeñamos esta función bajo la dirección del Dr. Fred Hernandez, quien asumió el reto de sacar adelante la Roosevelt High School, una escuela secundaria en decadencia. Esto ocurrió en medio de un entorno racista y hostil y de una batalla judicial para obligar al YPS a eliminar la segregación de sus escuelas.[65] John y yo seguimos en contacto como colegas, pero luego él se convirtió en presidente del consejo para apoyarme a mí y a nuestra escuela chárter cuando todavía se encontraba en una situación muy vulnerable debido a los intentos de desestabilizarla. El Dr. Jenkins ocupó el cargo de 2008 a 2012, y gracias a su liderazgo inquebrantable como presidente y a su capacidad para denunciar las intenciones maliciosas que observaba del personal directivo que trabajaba en las oficinas de escuelas chárter del DOE, logramos conseguir nuestra primera renovación quinquenal de la carta constitutiva.

Al reflexionar sobre su contribución y función en el desarrollo de la International Leadership, el Dr. Jenkins escribió lo siguiente:

> *"Cuando conocí a Elaine, éramos compañeros en el equipo directivo de una escuela secundaria que necesitaba mejoras. Una institución situada en el distrito escolar público de Yonkers. Nos enfrentábamos a retos constantes y a la oposición tanto política como racial, mientras intentábamos generar un cambio en nombre de una población escolar que contaba con un número significativo de estudiantes negros y*

65 U.S. v. City of Yonkers, https://casetext.com/case/us-v-city-of-yonkers-2.

latinos. Este distrito escolar fue el último en cumplir plenamente con las leyes contra la segregación racial de la región noreste. Muchos se referían a este distrito educativo de Yonkers como "el sur". Fue entonces cuando me di cuenta de que Elaine era una líder única, con la visión, el coraje y el compromiso necesarios para hacer todo lo posible por defender a los estudiantes y las familias que no tenían la oportunidad de abogar por sí mismos. Esa misma confianza, coraje y compromiso fueron los pilares de la misión y la visión de la International Leadership Charter High School (International Leadership CHS). Recuerdo un momento revelador durante la preparación de nuestra primera defensa para la propuesta inicial de la escuela en Tweed, en la oficina central del NYC DOE. Mientras esperábamos en grupo a que nos llamen, desde un lugar alto cayó una botella de agua y golpeó a Elaine en la cabeza. Aunque quedó aturdida y sorprendida por el impacto, por suerte no sufrió heridas graves. Una vez que recuperó la compostura y notó que estaba bien, redirigió el tema de preocupación de los solidarios miembros del grupo hacia el asunto que nos ocupaba. Y así, comenzamos con nuestra defensa a favor de la creación de la escuela chárter. Siento que ese momento fue un presagio del sinfín de ataques que vendrían después. Al igual que la botella, aparecían de la nada en momentos clave de nuestro viaje. A pesar de todos los retos y oposiciones, Elaine se mantuvo firme en su convicción de que si creábamos un entorno escolar exigente y de alta calidad, los padres inscribirían a sus hijos y ellos prosperarían".

El Dr. Jenkins continúa con su reflexión y nos brinda una perspectiva más profunda:

"*Como líder visionaria y estratégica, Elaine tenía la extraordinaria capacidad de predecir los movimientos de la oposición, ya sea del DOE, de un grupo de miembros de la comunidad mal informados, de funcionarios públicos partidistas o de antiguos empleados descontentos. Ella logró movilizar a la comunidad de padres y estudiantes, involucrar a los miembros del consejo y aprovechar el apoyo externo y de defensores para contrarrestar los rumores, el incumplimiento de las políticas y los intentos de negar a la escuela el acceso a recursos vitales. Simplemente nunca aceptó un no cuando se propuso la tarea de construir un pilar de excelencia en el Bronx, nuestra querida comunidad. Por lo tanto, todos los que participaron de este recorrido no tuvieron más remedio que seguir comprometidos. Éramos soldados voluntarios que le dedicamos nuestro tiempo y talento a crear y mantener la International Leadership CHS. Ningún intento de sabotaje u obstáculo nos desviaría de nuestro objetivo final*".

Cuando le pregunté a John si recordaba el momento en que advirtió que la International Leadership estaba por cumplir su misión y convertirse en una escuela chárter exitosa, su respuesta fue muy clara y reflejó tanto su carácter como su amplia experiencia como educador y líder afroamericano.

"*Para mí, la primera indicación de que la institución tenía el potencial de convertirse en una de las escuelas secundarias chárter más exitosas del estado fue la visión de excelencia inquebrantable de Elaine. Elaine estableció desde el principio unos estándares increíblemente exigentes para su personal. Contrató a excelentes profesores, les proporcionó una formación y un desarrollo profesional de alta calidad y se mantuvo fiel a un proceso de gestión del rendimiento, que aceleraba las buenas prácticas y erradicaba la mediocridad y el bajo desempeño... En el Bronx, los padres encontraron de inmediato un lugar donde sus hijos recibían atención y un trato como estudiantes capaces de desarrollar un pensamiento complejo y adquirir conocimientos avanzados. También creó un programa académico sólido y estricto que ofrecía un plan de estudios exigente con apoyo a los estudiantes para subsanar cualquier deficiencia que tuvieran. Esta fórmula arrojó resultados sobresalientes, ya que los resultados iniciales de los exámenes Regents en los primeros años superaron a los de las escuelas secundarias del barrio. La International Leadership Charter HS se convirtió de inmediato en una alternativa muy codiciada por los padres y los estudiantes en el barrio del Bronx. Estoy convencido de que no fue por casualidad. Fue planificado, intencionado y estratégico. Elaine desarrolló un modelo de éxito que merece ser replicado".*

El Dr. Jenkins también comenta lo siguiente:

"Me gustaría poder decir que me sorprendieron los implacables ataques lanzados contra Elaine y la escuela chárter. Me gustaría que la historia de nuestro país y del mundo no estuviera repleta de ejemplos en los que líderes innovadores y emprendedores que desafían al poder y a la autoridad son objeto de persecución hasta su extinción. Pero, por desgracia, intentar lograr algo inédito suele provocar miedo, envidia, inseguridad e incluso ira en los demás. Elaine no fundó la International Leadership CHS para educar a los niños negros y latinos de la forma tradicional. No quería aceptar las limitaciones típicas en cuanto a estructura, recursos y acceso que a menudo sufre ese sector de la población. Ella misma no aceptaba el trato típico que reciben las mujeres de color en puestos de liderazgo cuando solicitan permiso y aprobación en un sistema dominado por hombres y la cultura blanca. La construcción de nuestra escuela chárter necesitó el espacio creativo e innovador que se les brindó a los creadores de Microsoft, Facebook, Amazon, Netflix y Google. Mientras ella luchaba por conseguir ese nivel de autonomía y nosotros, como equipo, nos uníamos para apoyarla, hicimos enojar a muchas personas que buscaban crear barreras y limitar nuestros pensamientos, oportunidades y posibilidades. De esta manera, nos enfrentamos a las jugadas típicas: obstáculos en la inscripción de los estudiantes; difamación de la reputación de la líder; envío de personal para recabar información y sabotear; cuestionamientos de la validez de los datos y los resultados;

organizaciones de resistencia entre antiguos padres y empleados insatisfechos; cambios en los requisitos y los estándares de progreso y renovación. Lo que a uno se le ocurra. Ya lo vimos. ¡Y lo superamos! Como presidente del consejo, mi función consistía en apoyar a Elaine y al resto de los miembros del consejo de la International Leadership CHS, a fin de brindarles protección a la escuela en todo momento. Sabíamos lo sumamente importante que era, y seguiría siendo, la escuela para esta comunidad, de modo que debíamos ser incansables en nuestra protección de la líder, el personal y los estudiantes Nunca tuve dudas sobre ese llamado, ni cuestioné mi función ni mi propósito en ese sentido. Cuando pienso en ello, me doy cuenta de que hubo numerosos momentos aterradores. A menudo me preguntaba y le preguntaba a Elaine: '¿Vale la pena?' '¿Estás segura?' '¿Podremos sobrevivir a esto?" Hoy puedo decir que la respuesta sigue siendo un rotundo ¡SÍ! International Leadership CHS sigue prosperando. Como muchas otras personas, puedo pasar en auto por delante del hermoso edificio de Riverdale Avenue y sonreír, sentarme y contemplarlo en silencio o derramar una lágrima de agradecimiento y gratitud. Porque vemos la manifestación de un trabajo bien hecho, de una dura lucha y un sueño que no se pospuso, sino que se hizo realidad. Por eso, siempre estaré profundamente agradecido y orgulloso de mi amiga, colega y artífice del cambio que me invitó a acompañarla en este viaje".

El Dr. John Paul Gonzalez Gutierrez fue el presidente de la junta directiva que más tiempo permaneció en el cargo de la International Leadership Charter High School. Nuestra comunidad escolar y yo le estamos muy agradecidos por su compromiso inquebrantable e innegable con el crecimiento y el éxito de la escuela chárter. Mientras escribía este libro, le pedí que recordara todo lo que había hecho para apoyar el crecimiento de nuestra escuela chárter, la institución por la que luchamos para que sobreviviera durante casi una década. El Dr. Gonzalez Gutierrez escribió lo siguiente:

El Dr. John Paul González Gutiérrez

"Nuestros caminos se cruzaron de manera inesperada, un encuentro casual con Tony López, a quien conocía de cuando yo era miembro de la junta directiva de Aspira y él era el director ejecutivo. Tuvimos una conversación breve, pero muy significativa sobre el poder de la educación. En esos momentos efímeros, hablamos sobre la función de las escuelas a la hora de moldear las mentes de los jóvenes y fomentar un sentido de identidad. No sabía que ese intercambio originaría una serie de acontecimientos que acabarían marcando el rumbo de mi trayectoria como presidente de la junta durante 8 años.

Fue durante una reunión de seguimiento con la Dra. Elaine Ruíz López cuando las piezas del rompecabezas comenzaron a ordenarse. A medida que las conversaciones eran más profundas, se hizo evidente que la nueva escuela, International Leadership Charter High School, sería un faro de esperanza y cambio para nuestra comunidad. La oportunidad de unirme al consejo directivo de esta institución emergente fue como una invitación a participar en un proyecto transformador, uno que cambiaría la vida de muchísimas personas. Cuando asumí este nuevo cargo, me di cuenta de que los retos que enfrentábamos eran mucho más complejos de lo que habíamos conversado. Los obstáculos administrativos, las restricciones impuestas de manera injusta y la estricta supervisión del Departamento de Educación desafiaron nuestra voluntad en todo momento. Sin embargo, en medio de estas pruebas, nuestro propósito se mantuvo inquebrantable, era una llama de determinación que se negaba a extinguirse. El liderazgo de la Dra. Elaine Ruíz López, junto con el compromiso inquebrantable de la junta directiva, infundió un sentido de unidad que fortaleció nuestra misión. Juntos, avanzamos con un impulso incansable para seguir desarrollando una institución que fuera testimonio del potencial intrínseco de nuestra comunidad. A pesar de algunas deficiencias percibidas, nos unía un objetivo común que trascendía los obstáculos. El camino hacia la reautorización no era para los débiles de corazón. El proceso estuvo plagado de agendas políticas y negociaciones complejas, lo que nos recordó que incluso las causas más nobles pueden quedar atrapadas en la red de la burocracia. Sin embargo, como organización de base liderada por latinos, nos aferramos a nuestras raíces y aprovechamos nuestra voz colectiva como fuente de fortaleza. A pesar de los altibajos, nos mantuvimos firmes, creamos un bloque unido que se atrevió a desafiar el statu quo. Y esto fue gracias a la energía inagotable de nuestra líder y fundadora, Elaine".

El Dr. González Gutiérrez obtuvo un doctorado en Historia (con especialización en Puerto Rico y el Caribe) en el Centro de Estudios Avanzados de Puerto Rico y el Caribe. Además, obtuvo una licenciatura en Música con especialización en Educación Musical en el Conservatorio de Música de Puerto Rico y una maestría en Formación Docente en el Conservatorio de Música del Brooklyn College/CUNY. Realizó estudios de doctorado en educación intercultural en la Universidad de Nueva York y cursos de entrenamiento auditivo y musicalidad en la Escuela Juilliard.

THE LIBRARY OF COLUMBIA UNIVERSITY

CAPÍTULO 18

LA LUCHA POR LA EQUIDAD FISCAL

> "Educación para nosotros, por nosotros".
>
> **—BLACC**

De acuerdo con el New York City Charter Center,[66] en la actualidad, la ciudad de Nueva York cuenta con 274 escuelas chárter: noventa en Brooklyn, noventa y cuatro en el Bronx, cincuenta y cinco en Manhattan, veintisiete en Queens y ocho en Staten Island. Hay 142 500 estudiantes matriculados en escuelas chárter en la ciudad de Nueva York. El 15 % de los estudiantes de escuelas públicas de la ciudad asisten a escuelas chárter. Diecinueve de las escuelas chárter en la ciudad de Nueva York (7 %) tienen convenios colectivos con la UFT. Nuestra escuela chárter es una de las ochenta y seis instituciones independientes que operan en la ciudad de Nueva York.

Alrededor de 182 000 estudiantes asisten a 343 escuelas chárter en el estado de Nueva York. Las escuelas chárter reciben los pagos de las matrículas realizados por los distritos escolares, financiados a través de fuentes locales y estatales; estas tasas se establecen para cada distrito escolar en función del crecimiento medio anual de su nivel de gasto. De acuerdo con la fórmula legal

66 New York City Charter Center, 2023.

vigente, en el presupuesto ejecutivo para el año fiscal 2024 se aumentó un 4,5 % la financiación por estudiante de las escuelas chárter de la ciudad de Nueva York. Esto les permitiría a las escuelas chárter seguir innovando, contratar a maestros y personal de alta calidad, y ofrecer muy sólidas opciones educativas a los estudiantes de Nueva York. En el presupuesto ejecutivo del año fiscal 2024 también se propuso eliminar el límite de escuelas chárter permitidas en la ciudad de Nueva York. Además, el presupuesto ejecutivo propuso autorizar de manera permanente la renovación de cualquier carta constitutiva emitida originalmente a una escuela chárter que cerró después del 1 de julio de 2015, por renuncia, revocación, terminación o no renovación. Estos cambios permitirán la emisión de cartas constitutivas adicionales en la ciudad de Nueva York y ampliarán las oportunidades educativas para los estudiantes.

Sin embargo, a pesar del historial de rendimiento y éxito extraordinario que está bien documentado a nivel nacional, según el reciente estudio CREDO[67] y los datos de rendimiento excepcionales recopilados todos los años por el NYSED, las escuelas chárter reciben alrededor de un 30 % menos de financiación por alumno, en comparación con lo que cada niño genera para las escuelas públicas tradicionales del DOE. La financiación per cápita que se aprobó recientemente en Albany en las negociaciones del presupuesto ejecutivo de la gobernadora Hochul asciende a 18 340 dólares para las escuelas chárter. Esto refleja un aumento de apenas el 4,5 % con respecto a la asignación anterior, en comparación con los 31 434 dólares previstos para el gasto por alumno en 2023– 2024 para el NYCDOE tradicional.

Cabe destacar que, a pesar de la financiación desigual, las escuelas chárter han logrado mejores resultados en lectura y matemáticas, y mayores tasas de graduación con menos financiación, mientras que miles de estudiantes se estancan en su progreso académico en distritos que reciben financiación incondicional, sin tener que rendir cuentas y sin temor al cierre por obtener malos resultados académicos.

67 Estudio Credo.

Como ejemplo de nuestra habilidad para hacer más con menos, se puede consultar el gráfico que muestra nuestras tasas de graduados de las últimas catorce cohortes.

LA REPRESENTACIÓN ES IMPORTANTE

Los grupos de defensa legislativa que apoyan a las escuelas chárter en el estado de Nueva York han trabajado de manera incansable para promover una financiación equitativa y eliminar el límite máximo de escuelas chárter. Entre ellos se encuentran New York Charter School Association (NYCSA), National Alliance for Public Charter Schools (NAPCS) y Black Latinx Asian Charter Collaborative (BLACC).

Según Ron Rice, director sénior de Relaciones Gubernamentales de la NAPCS,[68] "*El debate sobre la educación pública nunca había sido tan intenso. Ahora es el momento de que el Congreso escuche realmente a los líderes de las escuelas públicas chárter de color del país. Estos líderes, que son maestros, directores, defensores y miembros de la comunidad, saben de primera mano que el modelo de las escuelas chárter ofrece con éxito una educación de alta calidad a los niños y las familias de sus comunidades, en especial a los estudiantes de color. Además, las escuelas chárter han recibido históricamente a muchos más estudiantes de color y de comunidades con bajos ingresos que las escuelas del distrito*".

La NAPCS también informa que, según los datos más recientes (año escolar 2020– 2021), el 60 % de los estudiantes de escuelas chárter participan en el programa federal de almuerzos gratuitos o a precios reducidos, en comparación con el 53 % de los estudiantes de escuelas públicas. Según datos del Centro Nacional de Estadísticas de Educación, el 31,5 % de los maestros y el 33,4 % de los directores de escuelas chárter son personas de color, en comparación con el 19,3 % y el 21,8 %, respectivamente, de las escuelas públicas del distrito.

68 National Alliance for Public Charter Schools. 28 de febrero de 2023.

BLACK LATINX ASIAN CHARTER COLLABORATIVE (BLACC)

"Educación para nosotros, por nosotros".

Fundada en 2018 por educadores de escuelas chárter de color en la ciudad de Nueva York, BLACC existe para garantizar que todas las familias de color del estado de Nueva York puedan acceder a escuelas públicas chárter de excelente calidad. Entre los fundadores de BLACC figuran los líderes de escuelas chárter de color más brillantes y dedicados, que tuvieron la audacia de idear un plan para aprovechar los principios de "Educación para nosotros, por nosotros". Entre ellos se encuentran el reverendo Al Cockfield, la Dra. Charlene Reid, el Dr. Steve Perry, la Dra. Vasthi Acosta, Rafiq Kalan Id-din, Dominique Lee y Miriam Raccah.

BLACC es ahora una organización sin fines de lucro dedicada a mejorar las escuelas chárter fundadas y dirigidas por personas de color en la ciudad de Nueva York. Representa a los educadores y las partes interesadas de la comunidad que, a través de nuestras experiencias compartidas, reconocen una oportunidad esperanzadora para el sector: las escuelas comunitarias fundadas por líderes de color son poderosas herramientas para el cambio y el progreso. Si bien numerosas organizaciones locales y nacionales buscan promover los intereses de las escuelas públicas chárter, BLACC es la única organización que apoya de manera específica el éxito y el crecimiento de las escuelas públicas chárter nuevas y existentes lideradas por educadores de color en el estado de Nueva York.

La organización trabaja en colaboración con las escuelas chárter locales para garantizar que las necesidades de nuestras comunidades estén a la vanguardia de la reforma educativa. En la actualidad, BLACC es una organización dirigida por sus miembros que representa a más de veinte escuelas chárter y trece mil estudiantes.

Según Miriam Raccah, CEO de BLACC, el lema "Educación para nosotros, por nosotros" se basa en la creencia de que todos los aspectos de nuestro trabajo, desde las personas a las que servimos hasta las causas que defendemos, se fundamentan en la profunda convicción de que las comunidades de color tienen derecho a la autodeterminación, en especial en lo que respecta a la educación de nuestros hijos. La Sra. Raccah escribió lo siguiente:

> "*Durante décadas, las comunidades de color se han manifestado en contra del continuo fracaso del sistema tradicional con respecto a la educación de los niños de color. Y aunque el sistema en su totalidad les sigue fallando constantemente a nuestros niños, nosotros, como organización fundada por docentes de escuelas públicas chárter, sabemos lo que se puede lograr en la educación pública cuando se concede mayor autonomía y flexibilidad al tiempo que se exige responsabilidad por los resultados académicos. Y si bien nosotros y todos los docentes de color siempre supimos que las escuelas que valoran la diversidad cultural influyen de forma positiva en la vida educativa de los estudiantes de color, ahora, como país, contamos con pruebas empíricas amplias e irrefutables del impacto a largo plazo que tienen los líderes y maestros de color en la trayectoria académica y vital de los niños de color*".

La Sra. Raccah también destaca las dificultades de crecimiento del sector dirigido por educadores de color, ya que hay un límite en el número de escuelas chárter que se pueden crear en la ciudad de Nueva York debido a la fuerte oposición política de la UFT y los demócratas tradicionales de la Asamblea y el Senado, que dependen del apoyo de los sindicatos y los fondos para sus campañas. En nombre de todas las escuelas chárter dirigidas por líderes de color, la Sra. Raccah apela a la comunidad filantrópica para que aumente la financiación de estas escuelas dirigidas por líderes de color. En un informe[69] que describe la visión estratégica de la organización BLACC para alcanzar este objetivo a largo plazo en la educación pública, escribe lo siguiente:

69 Black Latinx Asian Charter Collaborative, 2023.

"Crear una vía clara para el acceso equitativo a la financiación no solo ayudará a los actuales líderes de color a mejorar sus programas (y potencialmente los incentivará a permanecer en sus puestos), sino que, al esbozar un ecosistema claro para la financiación, también atraerá a más líderes y maestros de color al ámbito de las escuelas chárter públicas de Nueva York, lo que en última instancia aumentará su calidad y seguirá garantizando su viabilidad a largo plazo. Por lo tanto, aunque creemos en el potencial del modelo de escuelas públicas chárter, sabemos que para aprovecharlo al máximo, debemos aumentar el número de estas instituciones dirigidas y atendidas por personas de color. También somos conscientes de que, si no logramos que el movimiento esté liderado predominantemente por personas de color, la política en torno a las escuelas chárter, sobre todo en estados de tendencia progresista como Nueva York, no solo frenará o paralizará el crecimiento a corto y largo plazo, sino que también supondrá una amenaza existencial para su viabilidad y relevancia a lo largo del tiempo".

Los líderes de la organización Latino Charter Leaders Roundtable (LCLR) en la gala de BLACC
Anthony López, Suzanna De Leon, Cindy Lopez, la Dra. Elaine Ruíz López, Melissa Melkonian y el obispo Raymond Rivera

LATINO CHARTER LEADERS ROUNDTABLE

En el año 2000, Evelyn Marzan y Jon Moscow fundaron la escuela Amber Charter School en la ciudad de Nueva York. Fue la primera escuela chárter dirigida por latinos en el estado. En sus casi veinticinco años de existencia, pasó de ser una pequeña escuela de jardín de infantes con un solo campus en East Harlem a una red de escuelas de jardín de infantes a octavo grado (East Harlem, Kingsbridge e Inwood). La Dra. Vasthi R. Acosta dirigió la escuela desde 2007 hasta 2022 y la convirtió en una red de escuelas. Durante el mandato de la Dra. Acosta como directora ejecutiva de Amber Charter Schools, sus dos mayores logros fueron hacer crecer la escuela de un campus a tres y capacitar a los líderes que la sucederían tras su mandato. Esta progresión profesional ayudó a promover una cultura organizativa que fomenta el entusiasmo, el aprendizaje constante y la retención del personal. Para la Dra. Acosta, fue un gran motivo de orgullo que sus sucesores fueran líderes locales que habían trabajado en Amber durante más de quince años.

Uno de los mayores retos a los que se enfrentó como directora de las escuelas chárter Amber se produjo al principio de su mandato. Al cabo de un año de asumir el liderazgo, SUNY CSI le anunció a la junta directiva que cerraría Amber a menos que las calificaciones de los exámenes estatales mejoraran a lo largo del año. En Amber tenían un año para demostrarle a la autoridad que podían mejorar las calificaciones de los estudiantes y que merecían seguir existiendo. Después de implementar más de nueve iniciativas diferentes para cambiar la situación de la escuela, las calificaciones de los estudiantes aumentaron 30 puntos tanto en Matemáticas como en Lengua y Literatura Inglesas. La escuela se salvó del cierre. La Dra. Acosta escribe lo siguiente:

> "*El liderazgo es solitario. La Dra. Acosta se encontró con el deseo de recibir el consejo de otros líderes y la presión de liderar sola. Para satisfacer su necesidad de contar con la compañía de otros líderes y seguir el consejo de Rossana Rosado, que en ese momento era la*

editora de El Diario/La Prensa (el periódico en español más grande de los tres estados), envié una invitación a todos los líderes latinos de escuelas chárter que ella pudo encontrar para que se le unieran en una conversación con la esperanza de crear un grupo de líderes que pudieran apoyarse mutuamente en su búsqueda por educar con éxito a los niños negros y latinos".

La organización Latino Charter Leaders Roundtable (LCLR) se convocó y fundó en 2012. La LCLR se reunió todos los meses durante la pandemia del 2020 al 2021. Además de Amber, los líderes de LCLR representaban a la International Leadership Charter High School, FLACS, Yonkers Charter School for Educational Excellence, Heketi, WHIN y American Dream. En las reuniones mensuales, los líderes de estas escuelas compartían sus retos, conocimientos, experiencia, consejos y apoyo para superar las dificultades, y creaban así una relación de amistad y camaradería. Según la Dra. Acosta, la organización LCLR sirvió de inspiración para la creación de BLACC. Como una de las miembros fundadoras, la Dra. Acosta consideraba que BLACC ampliaba el alcance y la influencia de más líderes de color en las escuelas chárter.

En junio de 2022, cuando Vashti se jubiló como CEO de la Amber Charter School, me pidió que considerara la posibilidad de dirigir la organización LCLR. Aunque con algunas reservas, acepté este nuevo reto con fe y continué con el legado de apoyo a nuestros colegas.[70]

70 Latino Charter Leaders Roundtable, https://www.latinocharterleadersroundtable.com/.

CAPÍTULO 19

LOS EGRESADOS Y SU LEGADO

> "Cambiando vidas y transformando comunidades, un estudiante a la vez".
>
> **—DRA. ELAINE RUÍZ LÓPEZ**

Me gustaría compartir con ustedes algunas de las cartas que comienzan con "Estimada Dra. Ruíz López" que he recibido a lo largo de los años. Las palabras de los egresados reflejan la esencia de nuestras experiencias compartidas y los viajes transformadores que fueron parte de la vida en la International Leadership Charter High School. Sus relatos constituyen el verdadero reflejo del impacto y el éxito de nuestros esfuerzos colectivos, e iluminan los caminos que recorrimos juntos. Es un verdadero honor haber formado parte de sus viajes, haber sido testigo del desarrollo de sus potenciales y haber compartido sus aspiraciones, retos y triunfos. Cada testimonio es un recordatorio de las posibilidades ilimitadas que hay en cada estudiante y del poder transformador de la educación cuando está impregnada de pasión, dedicación y amor. Representan una fuente de inspiración duradera que estimula la búsqueda continua de la excelencia educativa y el compromiso inquebrantable para formar a los líderes del mañana. A continuación, se incluye una selección de estas cartas.

BRANDON AQUINO

Mejor estudiante de la promoción de 2020

A lo largo de cuatro años como estudiante en la International Leadership Charter High School, desarrollé y adquirí numerosas habilidades nuevas y útiles que me beneficiarán en el futuro y en la universidad. Su dedicación y motivación me ayudaron a esforzarme por alcanzar lo mejor y rendir al máximo en la escuela. La International Leadership me ayudó a desarrollar mis habilidades sociales, mi capacidad de liderazgo y a rendir al máximo en cualquier tarea. Las clases rigurosas me desafiaron a brindar lo mejor de mí y a obtener las mejores calificaciones posibles. Estas clases me ayudaron a prepararme para las asignaturas más difíciles que tendré que cursar en la universidad y sé que no me costará tanto esfuerzo porque el plan de estudios me preparó mental y académicamente para completar con éxito las tareas y obtener excelentes calificaciones. Estoy agradecido a todos los maestros que usted eligió, porque me motivaron, me desafiaron y nunca me permitieron rendirme en los esfuerzos por lograr mis metas a corto y largo plazo. Gracias por todo lo que han hecho por mí para garantizar mi éxito en la universidad y en el resto de mi vida.

JAILYN ALEXIS RUÍZ

Líder del Comité asesor estudiantil de la promoción de 2020

Me gustaría aprovechar esta oportunidad para expresarle mi gratitud y agradecerle enormemente toda la ayuda y el apoyo que me brindó, al igual que el excelente entorno de aprendizaje. Sus palabras de aliento y sus consejos durante el año escolar me ayudaron a ser quien soy hoy en día. No solo formé parte del Modelo de las Naciones Unidas, también participé en la Scales of Justice Academy, dirigida por la jueza LaTia Martin durante un programa de verano de tres semanas. A través de este programa de la Facultad de Derecho de la Universidad de Fordham, recibí una gran formación sobre diversos temas relacionados con las profesiones jurídicas. También tuve la oportunidad de desarrollar habilidades que me resultarán esenciales para tener éxito en cualquier carrera profesional que elija en el futuro, como adquirir nuevas formas de pensar, conocer nuevos lugares y aprender a hablar en público. Quiero darle las gracias por promover un entorno en el que pude compartir mis ideas y aportar mis conocimientos, en el que me valoraron y apreciaron mis esfuerzos. Pude formar parte del consejo estudiantil y sé que mi contribución a la escuela se transmitirá a otros cursos y promociones.

ANDREW RIVAS

Promoción de 2020

"Quisiera expresar lo honrado que me siento por haber asistido a la International Leadership Charter High School. Esta escuela hizo que alcanzara mi máximo potencial académico. Estudiar en esta escuela me ayudó a enfocarme en mis metas y me impulsó a esforzarme más en la vida. Quisiera explicarles por qué estoy tan agradecido de haber tenido esta oportunidad. En mi opinión, la International Leadership Charter HS es una escuela extraordinaria. El nivel académico es excelente y el entorno es seguro. Durante estos últimos cuatro años aprendí muchísimo y logré tener éxito gracias a la atención y el apoyo que nos brindaron nuestros maestros. Creo que esta escuela es increíble por hacerme más responsable e independiente. Valoro mucho esta escuela porque me ayudó a enfocarme en alcanzar cualquier objetivo que me propusiera. Aprendí que si uno quiere algo, debe esforzarse y trabajar duro para conseguirlo. Estoy agradecido de que esta escuela me haya hecho trabajar duro para graduarme. Ahora, mi objetivo es estudiar una licenciatura en Informática en la Universidad de Miami. Si no hubiera asistido a esta escuela, no sería el mismo, no me habrían aceptado en esta universidad y no habría tenido la posibilidad de desarrollar mi máximo potencial. Muchas gracias, Dra. López, que Dios la bendiga".

BRYANNA MOLINA

Promoción de 2021

"Quiero agradecerle por su dedicación a mi educación. También estoy agradecida por los programas que se implementaron, como el de la banda escolar y taekwondo. Formar parte del programa de la banda escolar durante parte de mi primer año fue una buena forma de expresar mi creatividad, y el taekwondo fue un cambio positivo en nuestra rutina diaria y una oportunidad para mantenernos activos. Volver a las clases presenciales fue estresante al principio, pero agradezco el esfuerzo de todo el personal por hacer que cada uno de nosotros se sintiera seguro en la institución. Solicitar el ingreso a la universidad este año fue una experiencia única. La pandemia nos impidió visitar las universidades de manera presencial y establecer contacto con los asesores de admisión de la forma tradicional. De todas maneras, estoy agradecida de que pudiéramos visitar las escuelas de forma virtual durante nuestras clases y de que nos permitieran hacer todas las preguntas que quisiéramos a los asesores de admisión. El proceso de solicitud de ingreso a la universidad nos resultó mucho más fácil a pesar de la gran incertidumbre y el estrés que vivimos, por lo que también les agradezco. En general, guardo grandes recuerdos de esta escuela y estoy orgullosa del tiempo que pasé aquí".

ASHLEY FERNANDEZ

Mejor estudiante de la promoción de 2022

"Me ha brindado tantas oportunidades para que apruebe todas mis clases. Aunque el 2020 fue difícil debido a la enfermedad por COVID-19, pude superarlo y asistir a la escuela. Además, al principio tuve miedo de volver a la escuela para cursar el tercer año, pero usted se aseguró de que estuviéramos seguros y saludables. Los 4 años que pasé en la escuela fueron los mejores de mi vida. Desde mi primer año hasta el penúltimo, obtuve matrículas de honor y

mis calificaciones mejoraron de manera considerable porque siempre prioricé mi educación por encima de cualquier otra cosa. Ahora me estoy preparando para comenzar los próximos 4 años en la universidad. Hasta el 11.º grado, nunca había pensado que tendría la oportunidad de obtener créditos universitarios para transferirlos a la facultad que asistiré.

Ahora es el turno de mi hermano menor de pasar los próximos 4 años en la escuela para poder acceder a las mismas oportunidades que yo tuve antes de graduarme: la educación".

AMELIA ALMONTE

Segunda mejor estudiante de la promoción de 2022

"Dra. López, me gustaría darle las gracias personalmente por hacerse cargo de mi educación y guiarme a lo largo de este recorrido. Gracias por ofrecerme la oportunidad de completar un programa de informática en la Universidad de Stanford. Este programa me ayudó a ampliar mis conocimientos y aprender con profesores de una universidad de la Ivy League. Pude aprender a crear y diseñar mi propio sitio web. Además, aprendí a proteger mi información personal de páginas no autorizadas. Esto no habría sido posible sin su esfuerzo y sus contribuciones. Gracias a esta experiencia me aceptaron en el Barnard College de la Universidad de Columbia. También me gustaría agradecerle por haber gestionado correctamente la pandemia. Fue un momento estresante para la mayoría de nosotros, pero usted se aseguró de que estuviéramos protegidos contra el virus. Mientras que otras escuelas impartían clases totalmente en línea, nosotros pudimos relacionarnos con nuestros profesores y compañeros de clase. Este recorrido habría sido más difícil sin su dedicación. Gracias por asegurarse siempre de que avanzáramos en la dirección correcta".

KIARALYS RIVERA

Promoción de 2022

"Quiero aprovechar esta oportunidad para agradecerle personalmente por estar para mí cuando necesitaba apoyo emocional. Ambas perdimos a un ser querido, de modo que tener a alguien que pudiera entender mis sentimientos y emociones fue muy especial para mí. Aunque sucedió hace tiempo, ese gesto me marcó de manera significativa porque me hizo sentir que tenía apoyo y que, en cierto modo, ella seguía estando con nosotros. No solo conmigo, también vi cómo nos animaba y motivaba a todos para que lo hiciéramos mejor en el examen de promoción de taekwondo cada vez que fallaban los planes A y B. Venir a la ILCHS no estaba en mis planes en un principio, pero estos últimos cuatro años me demostraron que todo tiene un propósito y que las cosas en verdad suceden por una razón".

BRAYHAN MORROBEL

Promoción de 2022

"En primer lugar, me gustaría felicitarla por todo el trabajo que realiza en la International Leadership Charter High School. Admiro la organización y el orden que logró mantener en la escuela durante los cuatro años que estudié aquí. Gracias a su liderazgo, todos hemos desarrollado habilidades que nos servirán para forjar nuestro futuro. Nos enseñó muchas cosas. Nos enseñó que las mujeres latinas tienen la oportunidad de triunfar en este mundo. Nos enseñó a ser organizados. Nos enseñó a ser responsables. Pero, sobre todo, nos enseñó cómo cambiar el mundo. Cumplió su objetivo: mejoró la capacidad intelectual de los estudiantes y formó minorías.

Nos brindó innumerables oportunidades, a pesar de que la pandemia por COVID-19 complicara la situación. Nos brindó la increíble oportunidad de formar parte del programa de informática de la Universidad de Stanford, que fue difícil, pero valió la pena, ya que aprendí a crear un sitio web. Quiero que sepa que le estoy muy agradecido por la carta de recomendación que redactó para mí. El futuro es prometedor, pero podré mirar atrás y decir: "Fui estudiante de la International Leadership Charter High School", y me sentiré orgulloso".

IAN BERMUDEZ

Mejor estudiante de la promoción de 2023

"La seguridad es algo de lo que nunca tengo que preocuparme cuando entro a la escuela. Me gustaría agradecerle personalmente el esfuerzo que realiza para promover mi educación. Gracias a su ejemplar liderazgo, tuve la oportunidad de cursar estudios superiores en varias instituciones de renombre mundial en todo el país. Aunque la tragedia por COVID-19 empañó mi primer año, pude perseverar y formarme gracias a las medidas que usted implementó. Mi experiencia en esta escuela fue clave para mi vida. Me permitió conocer el mundo real y me preparó para afrontar lo que me espera. Estoy profundamente agradecido porque me brindó la oportunidad de conocer a muchos amigos con los que compartiré toda mi vida y de formar parte de una comunidad maravillosa. La determinación es un rasgo de mi carácter que forjé gracias a su liderazgo, el mismo que les inculcó a todos los estudiantes que pasaron por esta excelente institución. Me enorgullece decir que asistí a la International Leadership Charter High School".

TRIANA BAUTISTA

Segunda mejor estudiante de la promoción de 2023

"Estoy profundamente agradecida por las oportunidades que me brindaron durante mis años en la International Leadership Charter School. Creo que todos estamos de acuerdo en que los últimos años no fueron nada fáciles. Cuando apareció la COVID-19, la escuela secundaria dejó de ser lo que era. Pero aquí siempre me aseguraron que, aunque la pandemia siguiera su curso, mis estudios no se verían afectados. Algo que siempre aprecié fue la diversidad que ofrecía la

escuela. Cuando llegué a esta institución me sentí representada por primera vez. Tenía maestros y asesores que me entendían y se parecían a mí. No me sentía parte de una minoría en el salón de clases. Reconozco el apoyo que le brindó a los estudiantes para que encuentren la mejor educación posible. Nunca dudó de las capacidades de los estudiantes para sobresalir y ser líderes en el mundo exterior. Las oportunidades que les brindó a los estudiantes los impulsaron a creer que podían lograrlo todo, incluso lo imposible. Ahora que dejo esta escuela y me enfrento al mundo real, espero que los estudiantes que ocupen esos mismos asientos reconozcan el impacto duradero que tuvieron en mí gracias a su apoyo".

AISSATOU SYLLA

Promoción de 2023

"Me gustaría empezar agradeciéndole. Gracias por todo lo que hizo por mí y mis compañeros, tanto directa como indirectamente. Cuando llegué a esta escuela, era la primera vez que venía a Estados Unidos. Me sentía desconcertada y nerviosa por entrar en este edificio y tener que hablar con alguien. Pensaba que no iba a ser capaz de entender nada de lo que se enseñaba en clase ni de hacer amigos. Por suerte, la ILCHS tenía mucho que ofrecerme. Todos los maestros trabajaron juntos para que entendiera lo que explicaban. Además, me gustaría agradecerle todo lo que hizo para mejorar nuestras experiencias en la secundaria mediante los eventos y las oportunidades que nos brindó este año. Espero que sepa que todo su esfuerzo no fue en vano y que lo valoramos mucho. De mi parte y de todos los estudiantes de último año, quiero expresarle nuestro más sincero agradecimiento por todo lo que hizo y sigue haciendo por nosotros".

DANDRE BENJAMIN DELEON

Promoción de 2023

"Estoy muy agradecido por esta escuela y por las oportunidades que se me han brindado ahora que estoy en mi último año. Aunque me daba mucho miedo y ansiedad entrar en una institución nueva con personas que no conocía, usted nos demostró que los números y las gráficas no definen quiénes somos, y nos brindó diferentes oportunidades y recursos para triunfar en la vida y desarrollarnos como personas. El COVID-19 fue uno de los numerosos obstáculos a los que se enfrentó mi promoción de 2023 en el sistema educativo, pero usted nos brindó la fuerza necesaria para seguir adelante. Gracias, Dra. López, por ofrecernos tantas posibilidades para avanzar en nuestra educación y elegir nuestra trayectoria profesional. Creó una escuela fantástica y seleccionó al mejor cuerpo docente. Agradezco que nos desafíe constantemente a alcanzar nuestro máximo potencial. Sin esta escuela, no sería la persona que soy hoy. Puedo afirmar con seguridad que los jóvenes de esta institución no nos arrepentimos de las experiencias que nos brindó nuestra persuasiva CEO. Usted es la heroína y el alma de la institución, un ejemplo magnífico de lo que todos deberíamos ser. Gracias por las numerosas oportunidades que nos ha brindado, siempre las valoraremos. Ha sido un honor ser estudiante de la International Leadership Charter High School".

TUKU GAYE

Promoción de 2023

"Agradezco las decisiones que tomó pensando en el bienestar de los estudiantes. El éxito de la International Leadership Charter High School se debe a su dedicación y amor. Muchas gracias por brindarnos su generosa ayuda, su apoyo y un buen ambiente de aprendizaje. Sus palabras de aliento y consejos durante las asambleas nos ayudaron a la mayoría de los estudiantes a llegar a donde estamos hoy. Siempre recordaremos la influencia que tuvo en nuestras vidas. Gracias, Dra. López, por

priorizarnos siempre y trabajar para elevar el nivel de nuestra educación. Es una fuente de motivación, inspiración y apoyo. Obtuve 7 créditos universitarios a través del programa College Now con Lehman College. El programa de prácticas en bioingeniería con la Universidad de Stanford me brindó la oportunidad de experimentar una clase universitaria desde el principio, que me sirvió de preparación para mis estudios superiores".

EDILIS GONZALEZ

Madre de una egresada de la promoción de 2010

Edilis González fue mi primera empleada y es una orgullosa madre que vio a su hija graduarse con nuestra primera promoción en 2010. Dieciocho años después, sigue trabajando a mi lado como directora del Departamento de Participación de Padres y ha desempeñado una función clave en el logro de la misión y los objetivos de nuestra escuela chárter. Edilis escribió la siguiente reflexión:

Me llamo Edilis Gonzalez, nací en la República Dominicana el 16 de noviembre de 1971. Soy la novena de una familia de diez hermanos, estoy casada y tengo dos hijas, Stephany Richely Gonzalez, de 30 años, y Edith Lisbeth Gonzalez, de 28.

En 2006, Stephany estaba lista para entrar en la secundaria, pero la asignaron a una de las peores escuelas del Bronx, debido al código postal donde vivíamos en ese momento. Como madre, estaba desesperada y muy preocupada por la seguridad de mi hija y el tipo de educación que iba a recibir, ya que esa escuela estaba llena de pandillas, violencia y tenía más de cuatro mil estudiantes en total. Mi hija sería solo un número más y estaba segura de que no tendría éxito. Debido a mi situación económica, no podía pagar una escuela privada y tampoco tenía la posibilidad de conseguir una beca para su educación secundaria. Cada día estaba más desesperada al ver que se acercaba la fecha y no encontraba una solución. Le pedía constantemente a Dios que me ayudara. Un día, Dios me dio la respuesta. En mi buzón, encontré una invitación de una nueva escuela chárter que abriría pronto y realizaría una reunión en la biblioteca del vecindario para hablar con los padres. Se me llenaron los ojos de lágrimas y lo único que dije fue: "Dios, esta es la escuela para mi hija, gracias". Fui una de las primeras personas en llegar a la biblioteca y completar una solicitud para mi hija. Ese día vi a la Dra. López y a algunas de las personas que iban a trabajar en la escuela, la cual en ese momento no tenía dirección, y mucho menos un edificio escolar asignado.

Sin importar cuánto tiempo tuviera que esperar, sabía que era la escuela adecuada para mi hija. Unos días después recibí la noticia de que habían alquilado un local y que estábamos invitados a verlo. Ese día fue miércoles (nunca lo olvidaré). Fui la primera persona en llegar al lugar. Me presenté ante la Dra. López y, mientras me mostraba el lugar, le conté mi historia y le expresé mi gratitud por abrir esta escuela que salvaría la vida y el futuro educativo de mi hija. Mientras caminábamos y hablábamos, me miró fijo y me dijo: "Me gustaría contar con alguien como usted en este lugar que trabaje conmigo", y acto seguido me preguntó qué nivel de estudios tenía. Mi corazón se aceleró y, sorprendida, le respondí: "Estoy en el Bronx Community College, a punto de graduarme y sé hablar inglés". Trabajaba como asistente de salud a domicilio cuidando a personas mayores. Me pidió que le enviara mi currículo y así lo hice al día siguiente. Me respondió de inmediato invitándome a ir a verla. Cuando llegué, me entrevistó y me ofreció el trabajo como asistente escolar, que acepté encantada. Mi hija Stephany y yo empezamos el mismo día, ella como estudiante en la primera escuela secundaria del Bronx y yo como empleada en la International Leadership Charter High School. Ese día, la Dra. López cambió para siempre la vida de mi hija, la mía y la de toda la familia. Mi hija Stephany se graduó con honores y hoy es una mujer exitosa que tiene una maestría, está casada, es madre de tres hijos y trabaja en una escuela. Hoy, cuando miro hacia atrás, me doy cuenta de que ya pasaron 18 años desde que empecé. Hoy soy directora del Departamento de Participación de Padres y de la Comunidad Escolar, y solo puedo agradecerle por todas las oportunidades que me brindó para crecer personal y profesionalmente. Su apoyo constante, su orientación y sus consejos me convirtieron en lo que soy hoy. La Dra. López es más que mi maestra, es parte de mi familia. Guardo en mi corazón una inmensa gratitud, admiración y respeto por la fundadora y líder de la escuela. ¡Ella cambió mi vida, la de mi hija y la de mi familia para siempre!".

Estos testimonios de los egresados documentados en las páginas anteriores representan solo una muestra de los cientos de cartas y mensajes de agradecimiento recibidos a lo largo de casi dos décadas. Considero que la mayor muestra de gratitud es que los egresados se conviertan en los líderes que necesita el distrito del Bronx, que sean los impulsores del cambio y los defensores de la equidad y la justicia social en la educación, la vivienda, la atención médica y la paz en nuestros vecindarios y, sobre todo, que sean modelos a seguir para sus hijos y los jóvenes de esta ciudad. Muchos de los egresados de las cohortes de 2010 a 2019 ya se graduaron de la universidad y comenzaron sus carreras profesionales. Mi deseo es que se sientan inspirados a retribuir lo que recibieron y escriban sus propias historias. Ellos continuarán con mi legado y mi visión en el Bronx.

EPÍLOGO

Mientras escribía este epílogo, lo primero que pensé fue que esta historia no tiene un final definitivo. Este recorrido continúa a través de la vida y las aspiraciones de los padres y los egresados que serán los líderes de las próximas décadas. La historia de la *International Leadership Charter High School* como la primera escuela secundaria chárter del Bronx, seguirá desarrollándose con las futuras generaciones y se convertirá en parte del entramado de las innumerables historias de líderes y educadores nacidos y criados en el Bronx y en barrios similares, quienes decidieron quedarse y defender lo que consideraban correcto hasta convertirse en el cambio. La lucha por la equidad en el Bronx y el deseo de cambiar vidas y transformar comunidades, un estudiante a la vez, nacieron de un profundo anhelo por mejorar las condiciones de vida y las circunstancias socioeconómicas de los puertorriqueños, dominicanos, afroamericanos y todos los hijos de inmigrantes de ascendencia afrocaribeña.

Abuela Zenobia

Yo soy una mujer puertorriqueña de color, que abraza su herencia y honra sus raíces africanas. Mi abuela materna y matriarca, *Zenobia Ortiz,* nacida en 1895, era de ascendencia africana occidental. Estaba casada con *Rosario Urutia Bosch,* de ascendencia catalana española. Durante mis investigaciones a lo largo de los últimos treinta años, descubrí que a su padre, mi bisabuelo, lo sacaron de Nigeria a la edad de nueve años junto con mi tatarabuela *Fermina* y tres hermanos. Los arrancaron de su tierra natal en África Occidental y los llevaron contra su voluntad a Puerto Rico como esclavos, donde los vendieron para trabajar en una plantación de azúcar y café en Yauco, propiedad de Francisco Lluveras y su familia. La diáspora y las raíces africanas de nuestro pueblo no eran un tema popular de conversación entre muchas familias puertorriqueñas. Siempre hubo un sentimiento de vergüenza que más tarde identifiqué como opresión internalizada. El centro de nuestra historia y ascendencia siempre estuvo en el lado de los españoles blancos europeos. Este vínculo se idealizó, al igual que la parte indígena taína de nuestra herencia. Se minimizó nuestra ascendencia africana por considerarla poco importante y casi nunca se honró. Solo después de que comencé a preguntarle a mi madre sobre nuestros orígenes y antepasados, ella se abrió y me contó que mi bisabuelo era africano y hablaba un dialecto que ella no siempre entendía. Esto nunca se había comentado, por lo que me llevó años de conversaciones e investigación descubrir la verdad sobre mi bisabuelo Baba (Papa) Uyo, del que mi madre me contaba historias en voz baja. La práctica habitual de los esclavistas consistía en quitarles a los africanos sus nombres de nacimiento y asignarles los apellidos de los propietarios de las

La tía abuela Carmen Rodriguez Bosch (hermana de Rosario)

plantaciones, que luego les marcaban físicamente en la piel con herramientas de hierro al rojo vivo. A lo largo de su vida adulta, Baba Uyo fue conocido como Guillermo Lluveras. Al morir, su acta de nacimiento no reflejaba el apellido de su dueño, sino el de la mujer con la que se casó, mi bisabuela, *Valentina del Coral Ortiz*. Nunca conocí a mis abuelos maternos, pero pude obtener la única fotografía que existía de mi abuela materna en un viaje que hice para visitar a mi primo en Guayanilla, Puerto Rico. La fotografía refleja su fortaleza, su vida de lucha, las dificultades y la indignación. Crio a tres hijas y un hijo y, con el tiempo, se convirtió en la cuidadora de todos sus nietos. La historia de la esclavitud en Puerto Rico y el Caribe dejó cicatrices generacionales y forjó la resiliencia, la fortaleza y la determinación de los afroboricuas. A pesar de los cientos de años de violencia, trauma, ira y dolor que comenzaron con los conquistadores españoles, nuestro pueblo se ha convertido en grandes líderes, artistas culturales, filósofos, educadores, médicos, autores e historiadores.

Como niña nacida y criada en el South Bronx, un barrio pobre de clase trabajadora, aunque era consciente de los peligros, ya estaba acostumbrada y me había insensibilizado a mi entorno a lo largo de mi adolescencia. Soy una sobreviviente del trauma infantil y generacional, el entorno racista y hostil en el sistema de salud y educativo, la violencia doméstica y un vecindario que estuvo en llamas durante una década. Fui testigo del quebrantamiento del espíritu humano en el Bronx debido a la crueldad de las enfermedades mentales, la delincuencia, el abuso sexual, el consumo de sustancias y la crisis del VIH/SIDA. Durante mi adolescencia y a lo largo de mi vida, todas estas condiciones me afectaron o impactaron a nivel personal, ya sea de manera directa o indirecta. Estas enfermedades sociales no perdonaron a ninguna familia, ni siquiera a la mía. La triste realidad es que siguen destruyendo sueños, amenazan el bienestar de los niños y destrozan familias. Sin embargo, soy muy optimista y creo que, gracias al acceso a una educación de calidad, la posibilidad de ir a la universidad y el desarrollo de nuestros jóvenes como líderes, las generaciones futuras se esforzarán por transformar la desesperanza en un sinfín de posibilidades. La educación superior me proporcionó el apoyo que necesitaba para salir de mi situación personal cuando, con dieciocho años, me encontré sumida en la desesperación como madre adolescente de una niña de dos años. Fue mi vuelta a los estudios lo que me salvó y me preparó para ayudar a miles de niños y familias que necesitaban una alternativa a lo que ofrecía el sistema escolar público de Nueva York. Para las familias migrantes e inmigrantes, la única forma de salir de sus dificultades y de mejorar su futuro suele ser a través de sus hijos. El ciento por ciento de las familias que conocí en los últimos dieciocho años tenían un sueño para sus hijos. La razón por la que escribí estas memorias inspiradoras y conté la historia de mi viaje es muy amplia. Como mujer de fe, creo que fue realmente una mano divina la que apareció de repente con una escalera de oportunidades para ayudarme a escapar del caos social de las calles y la desesperación económica. Inscribirme en la universidad a los dieciocho años, a pesar de las dificultades que implicaba, fue lo que me ayudó a convertirme en maestra a los veinte y me impulsó a regresar al South Bronx, mientras cursaba una maestría y un doctorado en el TC de la Universidad de Columbia. Y esto es solo una pequeña parte de la historia. Compartí los enormes desafíos a los que me enfrenté al abrir y dirigir una escuela chárter, con el objetivo de motivar al lector a ser perseverante y perseguir la pasión y el propósito que Dios le ha dado en esta increíble vida. Tanto si eres educador, administrador, empresario, activista comunitario, agente policial, abogado, médico, padre, madre o estudiante universitario, seguir el camino más difícil en lugar del más cómodo te ayudará a conocerte mejor y a descubrir cuál es tu propósito en este mundo. Hoy me encuentro al otro lado de lo que parecía imposible, junto a miles de niños y una comunidad que esperaban un líder con el valor de luchar por hacer realidad sus sueños. Como niña y madre adolescente a los dieciséis años, expulsada de la escuela secundaria, nunca imaginé que me graduaría de la universidad, me convertiría en maestra, completaría mi doctorado en una universidad de la Ivy League y, décadas más tarde, dirigiría una de las escuelas chárter más exitosas del Bronx.

Negarme al rechazo fue una habilidad y un recurso que aprendí a desarrollar. El fracaso y la renuncia a la lucha por la equidad educativa de nuestros jóvenes no eran una opción. Desde que empezamos en 2005, en todo momento hubo retos y obstáculos que tuvimos que superar para crear nuestra escuela chárter. Los burócratas del sistema público de la ciudad de Nueva York y el NYSED eran los guardianes designados, que luchaban contra nuestra innovadora labor a favor de los estudiantes y estaban dispuestos a bloquear cualquier cambio real que desafiara el statu quo. Ellos no dudaban en decirnos: "*No, no pueden*", pero mi cerebro no podía aceptarlo y mi corazón respondía: "*¿Por qué no?*".

El dolor del rechazo era una molestia constante y desagradable. En el proceso, aprendí numerosas lecciones que solo alimentaron mi deseo de seguir adelante y no rendirme. Mi impulso nació de una visión que tenía un poder superior al de las puertas que se cerraban. Aprendí a no aceptar el rechazo y me negué a permitir que los destructores de sueños paralizaran los planes de una escuela que había sido ordenada por Dios y estaba destinada a existir. Los incontables rechazos se convirtieron en la motivación para triunfar y llegar aún más lejos. He oído a muchos religiosos decir que un contratiempo es solo el preludio de cosas mejores por venir. Coincido plenamente. Por cada puerta que se cerró, se abrió una ventana que me ofreció un segundo impulso para continuar la lucha y perseverar hasta alcanzar mis objetivos.

Tuvimos que esforzarnos para pasar de ser buenos a ser excelentes y seguiremos luchando por este ideal. Aunque estoy muy orgullosa de nuestros logros, soy muy crítica y creo que aún nos queda camino por recorrer. Cuando se produjo la primera renovación en 2011, nuestra escuela chárter demostró con pruebas claras e irrefutables que superábamos a todas las escuelas del distrito vecino, así como a las de la ciudad y el estado, gracias a nuestras altas tasas de graduación y los excelentes resultados obtenidos en los exámenes Regents del estado de Nueva York. En 2015 recibimos la segunda renovación del DOE y en 2016 nos mudamos a un espacio privado permanente con un bonito diseño, construido con financiación de bonos municipales, que se encuentra en una esquina destacada de Riverdale Avenue y West 231st Street, en el sector norte del Distrito 10. Desde 2016, contamos con el reconocimiento constante de la revista US NEWS & WORLD REPORT.

Mi fe y mis constantes oraciones para que "se movieran montañas" me sostuvieron durante los últimos dieciocho años. Tras una extenuante batalla con el DOE durante los primeros cinco años, se nos otorgó un segundo período de concesión que estuvo plagado de microagresiones y simple indiferencia hacia nuestra visión y nuestros objetivos. Si bien nuestra institución seguía siendo una de las escuelas chárter comunitarias con mejor rendimiento del Bronx y de la ciudad, no recibimos ningún reconocimiento y apenas contamos con el apoyo o la orientación del DOE cuando nos enfrentamos a obstáculos. En 2016, junto con los miembros de la junta directiva decidimos que era momento de un cambio, así que nos arriesgamos y consideramos la posibilidad de transferir la autorización del DOE al SUNY CSI, a pesar de que el SUNY tenía fama de ser una autoridad más estricta, con mayores niveles de responsabilidad y renovaciones de cero o cinco años. Algunas de mis colegas, en concreto la Dra. Vasthi Acosta y Marilyn Calo, que dirigían escuelas chárter autorizadas por el SUNY, me aseguraron que esta mayor responsabilidad también venía acompañada de asesoramiento, apoyo y una mayor flexibilidad y objetividad. Aunque estábamos preocupados, no nos asustaba la responsabilidad; sabíamos que teníamos que trabajar de forma más inteligente y cumplir con sus expectativas. Era una oportunidad que estábamos dispuestos a aprovechar. En 2017, logramos transferir con éxito el estatus de entidad autorizadora del DOE al SUNY. Fue una de las mejores decisiones que tomó la junta. Desde entonces, se nos abrieron las puertas a nuevas oportunidades para ampliar el número de estudiantes y seguir creciendo.

Incluso en nuestros días más oscuros, logramos ver la luz al final del túnel. El 11 de marzo de 2020, solo unos días antes de que las escuelas cerraran debido a la pandemia por COVID-19, nuestra escuela chárter fue autorizada para un tercer período, pero esta vez por el SUNY. Al igual que muchos, la pandemia se cernía sobre nosotros mientras miles de personas enfermaban y morían a causa de la COVID-19 en el Bronx y en toda la ciudad de Nueva York. Todas las escuelas cerraron y la ciudad se sumió en la oscuridad, mientras los cadáveres se alineaban para trasladarlos en camiones frigoríficos. En esos momentos escalofriantes, en lo que menos pensaba era en crear otra escuela chárter. En abril de 2020, recibí una invitación de la fundación Walton Family Foundation (WFF) para ampliar nuestra escuela, junto con otra invitación para solicitar la subvención *Accelerating Emerging Charter Network*. El momento de la invitación no coincidía con la nueva realidad de vivir en plena pandemia. Como muchos, estaba asustada y conmovida por las vidas que se habían perdido y el aislamiento del mundo que una vez conocimos. Mi prioridad era que mi esposo y yo estuviéramos sanos y libres de COVID-19, que nos mantuviéramos en contacto con nuestra familia y el equipo directivo de la escuela, y que les ofreciéramos a los estudiantes y a sus familias tecnología, comidas e información actualizada de los Centros para el Control y la Prevención de Enfermedades (CDC) y el Departamento de Salud del Estado de Nueva York (NYSDOH). Mantuvimos una estrecha conexión y reabrimos en septiembre de 2020. Sabíamos lo importante que era brindar apoyo a nuestra comunidad de todas las formas posibles. También necesitaba idear un plan de graduación para la promoción de 2020. Lamentablemente tuvimos que cancelar la fiesta. Pero, con el apoyo de la Oficina del Presidente del Distrito del Bronx y de mi querida amiga y compañera del Bronx, Marlene Cintron, presidenta del BOEDC, y Olga Luz Tirado, antigua miembro del

Consejo de Turismo del Bronx, contraté a un arquitecto que diseñó los planos y obtuvo los permisos del Departamento de Edificios para instalar una carpa en el césped del College of Mount Saint Vincent's en Riverdale, donde ya se habían celebrado las diez ceremonias de graduación anteriores. Las normas exigían una asistencia máxima de 150 personas, la presentación de pruebas de COVID-19 y el uso obligatorio de mascarillas. Por fortuna, pudimos realizar la graduación de nuestra resiliente promoción de 2020, que lució mascarillas a tono en un día muy caluroso de junio. Mientras subía los escalones y contemplaba la impresionante imagen de nuestros estudiantes, todos formados esperando que comenzara la ceremonia de graduación, pensé que se trataba de otro milagro más. Nadie en la sala pudo contener las lágrimas. Como CEO y superintendente de este distrito escolar chárter, la incertidumbre de los tiempos actuales me pesaba demasiado y los niveles de ansiedad eran altos. Decidí que necesitaba otro proyecto en el que centrarme, así que solicité una subvención a la WFF y fuimos seleccionados. Nos otorgaron cerca de 1 millón de dólares para ampliar la institución e incluir una etapa de enseñanza media y replicar nuestra escuela de enseñanza superior. Luego, obtuvimos la aprobación de la Junta Directiva del SUNY para llevar a cabo la ampliación en junio de 2021.

La resolución presentada a la Junta Directiva del SUNY CSI indicaba lo siguiente:

> "La International Leadership tiene un alto índice de graduación tanto en términos absolutos como comparativos. Durante los últimos cinco años escolares, el número de graduados de la escuela superó el objetivo absoluto del distrito local y del SUNY, estipulado en un 75 % anual. Cabe destacar que, en 2017/18, el 95 % de los alumnos de la promoción de 2014 se graduaron después de cuatro años, superando así el rendimiento del distrito por 19 puntos. Del mismo modo, en 2019/20, el 94,2 % de los alumnos de la promoción de 2016 se graduaron a tiempo, superando al distrito en un 14,2 %.

La escuela obtuvo excelentes resultados en la preparación para la universidad durante el mismo período. En 2017/18 y 2018/19, cuando finalizaron sus estudios, la escuela matriculó al 99 % de sus graduados en un programa universitario de dos o cuatro años, superando el objetivo del 75 % fijado por la SUNY. En la primavera de 2020, 21 graduados del programa de la International Leadership se matricularon en escuelas del SUNY. En 2019/20, el 97 % de los graduados de la escuela se matricularon después de terminar sus estudios. Durante ese período, la escuela también obtuvo grandes logros en Lengua y Literatura Inglesas (ELA) y Matemáticas. Cabe destacar que el 71 % de la cohorte de 2015 de la escuela alcanzó al menos el nivel 4 en el examen Regents de ELA, superando los resultados del distrito por 18 puntos".

INTERNATIONAL LEADERSHIP CHARTER HIGH SCHOOL

Porcentaje de graduados en cuatro años (de 2010 a 2023)

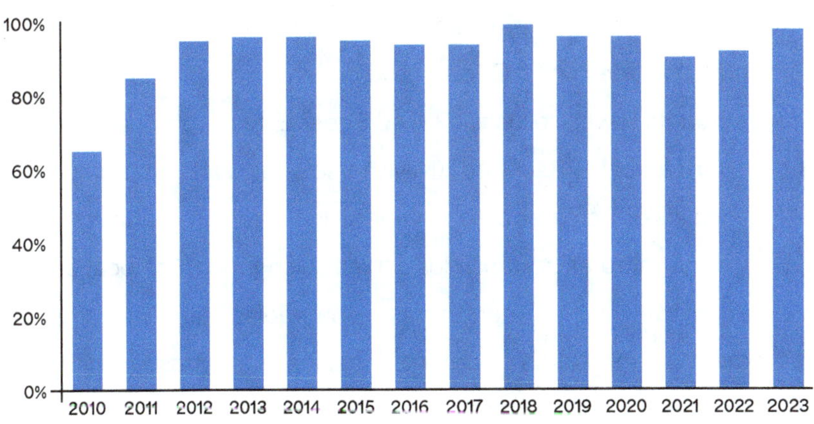

Fuente de datos: APPR SUNY CSI; NYSED; datos de la International Leadership CHS

Desde que recibimos la subvención de la WFF, también obtuvimos fondos complementarios de Bloomberg Philanthropies para apoyar nuestra expansión. El 11 de septiembre de 2023, celebramos la inauguración de nuestra escuela de enseñanza media en un edificio de una escuela católica de 104 años de antigüedad que renovamos mientras esperábamos la finalización de nuestras instalaciones permanentes en el barrio de Kingsbridge. Asistieron los miembros de la comunidad escolar que nos habían apoyado durante los últimos dieciocho años, entre ellos padres líderes, nuestra junta directiva, futuros becarios, profesores de enseñanza media y directivos.

A pesar del gran respaldo que obtuvimos de la comunidad de *Padres unidos por las International Leadership Charter Schools,* el asambleísta Jeffrey Dinowitz apoyó al grupo de personas en contra de las escuelas chárter que lanzaron la campaña "*Stop the Charter School Build Campaign*" (Detengamos la construcción de las escuelas chárter). Les dio la espalda a sus propios electores: ¡cientos de estudiantes y familias de color que votan!

Nuestra construcción sufrió actos de vandalismo al mismo tiempo que se celebraban reuniones estratégicas para entorpecer de manera intencionada nuestro calendario de obras, lideradas por la Cooperativa de Maestros de Nueva York en Tibbets Towers, en West 232nd Street. Este grupo, conocido como "Not in My Backyard" (NIMBY), se oponía al derecho que tienen los estudiantes de color a recibir educación. Algunos de estos detractores cortaban los cables de seguridad, colocaban pegamento en las cerraduras e impedían que nuestros equipos completaran su trabajo. Esta situación retrasó nuestro cronograma por 18 meses.

Por desgracia, después de que Ruben Diaz Jr., el antiguo

presidente del distrito del Bronx, dejara su cargo, ya no contábamos con un líder valiente como el que teníamos ni con ningún político con la audacia suficiente como para enfrentarse al racismo y al patrón de discriminación y exclusión que perpetuaba el asambleísta Dinowitz en este sector del Bronx. El antiguo asambleísta Marcos Crespo fue nuestro defensor en la Asamblea en lo que respecta a las escuelas chárter y, al marcharse, dejó un vacío en el liderazgo y la defensa de estas instituciones. Tenemos la esperanza de que nuestros futuros legisladores sean egresados de nuestra institución o sus padres, que se presenten a las elecciones con un programa a favor de las escuelas chárter.

Nuestras familias pertenecen al sector de bajos ingresos y de clase trabajadora, procedentes de comunidades latinas, afroamericanas, africanas y caribeñas que buscan una educación de calidad para sus hijos. No podemos permitir que el "nimbyismo" les niegue la formación a los estudiantes de educación media que viven en la comunidad de Kingsbridge y merecen la oportunidad de recibir una enseñanza de calidad.[71]

---

71 Susan Edelman, "Once Again, the UFT Sides against Parents and Kids," *New York Post*, 17 de mayo de 2023, https://nypost.com/2023/05/17/once-again-the-uft-sides-against-parents-and-kids/, consultado el 20 de enero de 2024.;
Stacy Driks, "International Leadership: We've Had Enough," *The Riverdale Press*, 19 de mayo de 2023, https://www.riverdalepress.com/stories/international-leadership-weve-had-enough,110399, consultado el 20 de enero de 2024.;
Susan Edelman, "Bronx Pols Fight Construction of Charter School in Kingsbridge," New York Post, 21 de mayo de 2023, https://nypost.com/2023/05/21/bronx-pols-fight-construction-of-charter-school-in-kingsbridge/, consultado el 20 de enero de 2024.;
Stacy Driks, "Proposed Charter Middle School Raises Tension," *The Riverdale Press*, 20 de enero de 2023, https://www.riverdalepress.com/stories/proposed-charter-middle-school-raises-tension,107169, consultado el 20 de enero de 2024.;
Kate Taylor, "Racial Bias at a Bronx School," *The New York Times*, 5 de octubre de 2016, https://www.nytimes.com/2016/10/06/nyregion/bronx-public-school-racial-bias.html, consultado el 20 de enero de 2024.

SE AVECINAN CAMBIOS: LOS EGRESADOS, NUESTROS FUTUROS LÍDERES

En la actualidad, contamos con tres egresados de la promoción de 2017 y uno de la promoción de 2020 que son miembros del equipo en la escuela chárter. Paola Carrion (2017) se graduó en la Universidad de Saint John y trabaja como consejera vocacional. Luis Beltre se graduó en la Universidad Mercy (2017) y trabaja en la administración de la escuela. Brandon Aquino, nuestro mejor estudiante de la promoción de 2020, trabaja como profesor asistente mientras termina su licenciatura en la CCNY, donde tiene pensado cursar un máster en psicología. La visión de nuestra escuela chárter era que los egresados tuvieran el deseo de regresar y contribuir con la comunidad, además de apoyar y fomentar el gran éxito de la escuela chárter.

Los egresados Joel y Luis Beltre con la Dra. Elaine Ruíz López

En el corazón del Bronx, creamos esta escuela chárter como testimonio de lucha y símbolo de esperanza, cambio y progreso. Gracias a todos los que trabajaron conmigo en la creación de esta visión. Recuerden, ningún sueño es demasiado ambicioso y ningún esfuerzo es en vano. Con determinación y valentía, lo imposible se vuelve posible. Ojalá esta escuela sirva de inspiración para que todos crean que luchar por la equidad puede cambiar vidas y transformar comunidades, un estudiante a la vez.

Termino este epílogo rindiéndole homenaje a mi madre, Lucila, que llegó a Estados Unidos desde Puerto Rico con estudios de noveno grado. Ella sacrificó todo por sus hijos y me inspiró a seguir adelante y nunca dejar de soñar.

Promoción de 2010

Promoción de 2011

Promoción de 2012

Promoción de 2013

Promoción de 2014

Promoción de 2015

Promoción de 2016

Promoción de 2017

Promoción de 2018

Promoción de 2019

Promoción de 2020

Promoción de 2021

Promoción de 2022

Promoción de 2023

Promoción de 2024

Ceremonia de graduación al aire libre de la promoción de 2020 en el College of Mount Saint Vincent

HOMENAJE A LUCILA, MI MADRE

Le rindo homenaje a mi madre Lucila, que llegó a Estados Unidos desde Puerto Rico después de haber completado apenas el 9.º grado. Ella sacrificó todo por un futuro mejor y por sus hijos. Me inspiró a seguir adelante y nunca dejar de soñar.

Lucila Ruíz Rodríguez, graduada del Programa para Trabajadores Adultos de MobiCentrics, 1985.

SOBRE LA AUTORA

DRA. ELAINE RUÍZ LÓPEZ

La Dra. Elaine Ruíz López es la fundadora y directora ejecutiva de la International Leadership Charter High School. Nació y creció en el South Bronx, es puertorriqueña de primera generación y la primera de su familia en graduarse de la universidad. Trabaja en el ámbito de la educación desde 1980. A lo largo de su carrera, desempeñó diversos puestos de liderazgo en escuelas públicas y universidades. Obtuvo su doctorado en Educación Especial/Administración y una segunda maestría en Educación en el Teachers College de la Universidad de Columbia, una maestría en Ciencias con especialización en Educación Especial Bilingüe en el Bank Street College of Education y una licenciatura en Ciencias con especialización en Educación Primaria en el City College of New York. En 2006, fundó la International Leadership Charter High School con el objetivo de crear una escuela secundaria chárter que preparara a los estudiantes para la universidad y les ofreciera un entorno académico exigente. El modelo de la Dra. Ruíz López hizo que más del 95 % de sus estudiantes se gradúen en cuatro años y se inscriban en la universidad de su elección. La International Leadership CHS lleva veinte años funcionando y ha recibido numerosos reconocimientos a nivel local y nacional como la mejor escuela secundaria chárter del Bronx. Durante los últimos siete años, esta institución ha recibido el reconocimiento nacional de la revista US NEWS & WORLD REPORT y ha sido clasificada como una de las mejores escuelas secundarias.

La visión de la Dra. Ruíz López no tiene límites, ahora incluye una escuela de enseñanza media que abrió sus puertas en otoño de 2024 y actualmente cuenta con quinientos egresados y graduados universitarios que ocuparán puestos de liderazgo en sus comunidades e instituciones. La Dra. Ruíz López consiguió con éxito una financiación de 22 millones de dólares en bonos municipales a través de Build NYC, lo que le permitió construir desde cero un edificio escolar de tres plantas y una superficie de dos mil seiscientos metros cuadrados en la zona de Kingsbridge/Riverdale, en el Bronx. Además, inspirada por la vida y el trabajo de su médico pediatra, el Dr. Richard Izquierdo, la Dra. Ruíz López colaboró con Urban Health para crear un Centro de Salud y Bienestar para Adolescentes en la escuela chárter a fin de ayudar a los estudiantes con problemas de salud mental.

En 2017, la Dra. Ruíz López fue una de las galardonadas con el *Premio Mujeres Destacadas,* otorgado por *El Diario*, la mayor empresa de periódicos en español del país. En 2022, fue reconocida por la fiscal general, Leticia James, y la presidenta del distrito del Bronx, Vanessa Gibson, como una de las *mujeres poderosas del Bronx*. En 2023 recibió el Premio a la Excelencia Educativa otorgado por la Black Latinx Asian Charter Collaborative (BLACC). Es miembro fundadora de la organización Latino Charter Leaders Roundtable y actualmente la preside.

(Derecha) La Dra. Elaine Ruíz López, galardonada con el BLACC Mosaic Award por su excelencia como educadora, junio de 2023.

(Abajo, de izquierda a derecha) el Obispo Rivera, el Canciller de la ciudad de Nueva York, David Banks, Miriam Raccah, el Reverendo Al Cockfield, Rafiq Kalan Id-din.

La Dra. Elaine Ruíz López, galardonada con el Premio de Mujer Destacada otorgado por El Diario, 2017

La Dra. Elaine Ruíz López, galardonada como una de las mujeres con más influencia del Bronx.
Junio de 2022

AGRADECIMIENTOS

En primer lugar, quiero agradecerle a DIOS, que puso en mi corazón la visión de crear una escuela en el Bronx, con la promesa de enviarme ángeles de la guarda que me protegieran y guiaran en todos mis caminos. (Salmo 91: 11-12) Gracias por abrir un camino donde no lo había. Estoy profundamente agradecida por los salvavidas que me proporcionaste, los milagros que me concediste y las personas que hiciste llegar a mi vida justo cuando más las necesitaba.

Gracias a mi esposo, Anthony "Tony" Lopez, mi leal amigo y cofundador, a quien le debo una vida entera de gratitud por haber caminado y luchado a mi lado en cada momento de este recorrido durante los últimos dieciocho años. Gracias por creer en mi liderazgo y apoyar el desarrollo de mi sueño y mi visión, incluso cuando otros decían que no sería posible. *Tony, gracias por tu paciencia y por nunca pensar que debía abandonar la lucha por crear una escuela secundaria chárter de alto nivel que ofreciera una opción de calidad a miles de adolescentes negros y latinos del Bronx. Aunque las injusticias a veces eran insoportables, tus sacrificios personales forjaron un legado que, en el proceso, cambió vidas y transformó comunidades, un estudiante a la vez.*

Me gustaría agradecerle especialmente a Suzanna de Boer, asesora de redacción de Forbes Books, quien trabajó conmigo de manera paciente y constante durante 14 meses. Ella me orientó a lo largo del proceso de redacción, me proporcionó comentarios muy útiles y me hizo preguntas que me ayudaron a perfeccionar mi voz y a utilizar un lenguaje más claro para contar mi historia. *Gracias, Suzanna, por su generosidad y por compartir conmigo su experiencia para que lograra un texto más sólido.*

Los siguientes colegas, confidentes y amigos formaron parte del grupo de guerreros que desempeñaron una función muy importante en el desarrollo de la escuela chárter y lo hicieron con gran fervor y un compromiso sin igual. Las siguientes personas y educadores también aportaron sus opiniones para que se incluyeran en este libro.

Me gustaría comenzar por reconocer la gran labor de dos de los presidentes de junta más eficaces, quienes también aportaron sus reflexiones en algunos de los capítulos de este libro. Como líderes del consejo, mantuvieron altos niveles de integridad y lealtad con la misión y la gobernanza de la International Leadership Charter High School. Tanto el Dr. John Paul Gonzalez Gutierrez como el Dr. John Rodney Jenkins demostraron un gran nivel de compromiso, supervisión y orientación en todas las áreas educativas durante los primeros años, que fueron muy difíciles para las escuelas chárter. *Gracias, John Paul, por su perseverancia durante esos 8 años de servicio y por no abandonar cuando las cosas se pusieron difíciles.*

Las personas que menciono a continuación estuvieron a mi lado al frente de las labores diarias, ayudándome a resolver problemas durante el inicio de nuestra escuela chárter. En primer lugar, Robin Calitri, colega, amigo, excelente educador y antiguo director de la escuela secundaria South Side High School en Rockville Centre, Long Island. Junto con sus colegas, logró sustituir con éxito el sistema de seguimiento por un programa de honores y preparación universitaria al que todos los estudiantes tenían acceso y del que todos se beneficiaban. Esta escuela secundaria del Bachillerato Internacional (IB) se convirtió en un modelo nacional de excelencia. En 2006, Robin trabajó como consultor para nuestro programa académico. Me enseñó cómo desarrollar y llevar a la práctica un modelo acelerado que fuera inclusivo y preparara a todos los estudiantes para obtener el diploma Regents, al tiempo que les proporcionaba acceso a una educación rigurosa, aplicando la creencia común de que "todos significa todos".

Robin aplicó sus habilidades de liderazgo y sus convicciones éticas en torno a la reforma educativa sistémica de manera desinteresada, lo que hizo que la misión de nuestra escuela chárter fuera única y eficaz en la búsqueda de la excelencia y la equidad en la educación. *Gracias, Robin, por involucrarse y asumir el liderazgo durante una época tumultuosa en la historia de nuestra escuela chárter.*

Un reconocimiento muy especial y mi más sincero agradecimiento a Roberta Cummings-Smith, nuestra primera directora de Currículo e Instrucción, quien aceptó el cargo de líder educativa con convicción, en un momento de gran incertidumbre y desafíos que parecían insuperables. *Roberta, gracias por hacer realidad la visión que le escribí en una servilleta y por dirigir el programa académico con elegancia, fortaleza y una dedicación inquebrantable.*

En 2006, durante nuestra primera jornada de puertas abiertas en el Lehman College, conocí a una joven madre dominicana que buscaba desesperada un cupo en la International Leadership Charter High School para su hija Stephanie. Me impresionó su pasión, su entusiasmo y sus esfuerzos por defender a su hija, quien resultó seleccionada en el sorteo. Edilis Gonzalez también buscaba trabajo, por lo que se convirtió en mi primera empleada como asistente escolar. Durante los últimos 18 años, la vi convertirse en una profesional segura de sí misma. Hoy en día, es la mejor directora del Departamento de Participación de Padres y un pilar fundamental en nuestra comunidad escolar. *Gracias, Edilis, por su pasión. Gracias por hacerse cargo de nuestra escuela chárter comunitaria y por proteger el propósito de nuestra misión a lo largo de los años.*

La Dra. Vashti Acosta, antigua directora ejecutiva (CEO) de Amber Charter Schools en el Bronx, fundadora de Latino Charter Leaders Roundtable (LCLR) y antigua alumna del Teachers College de la Universidad de Columbia. La Dra. Acosta demostró su excelencia como líder durante su mandato en Amber y proporcionó un modelo de liderazgo a seguir para todos los líderes de escuelas chárter dirigidas por latinos. *Gracias por compartir sus ideas conmigo, por las reuniones matutinas y los almuerzos de trabajo, por apoyarme a mí y a todas las escuelas dirigidas por latinos.*

Miriam Raccah, CEO de BLACC (Black Latinx Asian Charter Collaborative), quien asumió la enorme tarea de asociarse con el reverendo Al Cockfield y otras personas para presionar a la legislatura a fin de lograr un mayor apoyo y equidad fiscal para nuestras escuelas chárter y las escuelas dirigidas por BLACC. Gracias a su fortaleza, su perseverancia y su lema de que la representación es importante, las escuelas públicas chárter dirigidas por personas de color cuentan ahora con mayor visibilidad. *Miriam, gracias por su reflexión y contribución a la lucha por la equidad en el Bronx. ¡Educación para nosotros, por nosotros!*

Dr. Reverendo Alfonso Wyatt, gracias por la reseña del libro, por sus oraciones cuando más las necesitaba, por ser un modelo a seguir para nuestros hombres de color y por las sabias palabras que pronunció en las graduaciones. *Reverendo Wyatt, sus inspiradores escritos y nuestras conversaciones fueron una luz en la oscuridad. Gracias por tomarse el tiempo de escribir una reseña tan reflexiva.*

Mi más sincero reconocimiento al obispo Raymond Rivera y a Marilyn Calo por desarrollar de forma constante la red de escuelas chárter Family Life Academy Charter Schools (FLACS). Estos dos precursores del movimiento de escuelas chárter en el Bronx demostraron que las instituciones educativas de excelencia pueden ser dirigidas con éxito por líderes latinos de la comunidad, sin necesidad de seguir el modelo corporativo de gestión tradicional de las escuelas chárter. *Obispo, gracias por su convicción en apoyar y construir escuelas chárter desarrolladas por la comunidad, como pilares esenciales del control comunitario y la reforma educativa sistémica. Se avecinan cambios y nosotros seremos parte de ellos.*

Quiero expresar mi especial agradecimiento a los padres líderes que formaron parte de la junta directiva para apoyar a nuestra escuela chárter a lo largo de los años, entre ellos: Maria Garcia Beltre, Betty Quiroz, Yanelis Munoz, Denise Martinez, Yahaira Dominguez, Darlene Garcia, Doreen Bermudez, Anny Rivas, Addy Rivas, Nubia Moreno, Beatrice Vargas y Virgina Perez.

A los egresados que aparecen en el último capítulo de La lucha por la equidad en el Bronx y a los que participaron en el video especial, les envío mucho amor y gratitud por mantenerme centrada y con los pies en la tierra. *Brandon Aquino, Jailyn Alexis Ruiz, Andrew Rivas, Bryan Molina, Ashley Fernandez, Amelia Almonte, Kiaralys Rivera, Brayhan Morrobel, Ian Bermudez, Triana Bautista, Aissatou Sylla, Dandre Benjamin De Leon, Tuku Gaye, Yocasta Novas Belliard, Marina Bond, Luis Beltre, Joel Beltre e Isatou Jobateh.*

Y a todos los que se graduaron en las últimas 14 promociones, gracias por enriquecer mi vida, por brindarme un propósito claro para luchar y por recordarme cuál es *"mi porqué". Recuerden que si la puerta hacia sus sueños no se abre fácilmente, hay que ser estratégicos y reflexivos, nunca rendirse ni ceder, solo retroceder y ¡darle una patada! Que Dios los bendiga a todos.*

Un agradecimiento muy especial a Joe Conzo, Jr., por concederme el permiso para utilizar su fotografía original, que documenta las secuelas de los incendios en el South Bronx. Esta foto aparece en la portada de La lucha por la equidad en el Bronx: cambiando vidas y transformando comunidades, un estudiante a la vez. *Joey, gracias por su generosidad y por compartir estas increíbles fotografías que retratan algunas de las luchas más significativas e históricas en las que su abuela, la Dra. Evelina Lopez Antonetty, participó de manera activa y representan una parte fundamental de su legado. ¡Evelina presente!*

THE LIBRARY OF COLUMBIA UNIVERSITY

BRONX TIMES

Una escuela secundaria del Bronx reconocida como una de las mejores del país

https://www.bxtimes.com/bronx-high-school-recognized-as-one-of-the-best-in-the-country/

NORWOOD NEWS

Norwood: Se inaugura una escuela chárter de enseñanza media en el antiguo edificio de St. Ann

https://www.norwoodnews.org/norwood-charter-middle-school-opens-at-former-st-ann-site/

THE RIVERDALE PRESS

International Leadership: estamos hartos

https://www.riverdalepress.com/stories/international-leadership-weve-had-enough,110399

BRONX TIMES

La International Leadership Charter School celebra su décimo aniversario

https://www.bxtimes.com/international-leadership-charter-school-celebrates-10th-anniversary/

www.ingramcontent.com/pod-product-compliance
Lightning Source LLC
LaVergne TN
LVHW011657100826
845155LV00012B/27/J

* 9 7 9 8 8 9 1 8 8 6 2 7 8 *